Haus plus

# Haus plus

## Innovative Ideen für Anbau, Aufstockung und Erweiterung

Phyllis Richardson

Aus dem Englischen übersetzt von Joanna Zajac-Heinken

Deutsche Verlags-Anstalt, München

Bibliografische Information
Der Deutschen Bibliothek
Die Deutsche Bibliothek verzeichnet diese
Publikation in der Deutschen Nationalbibliografie;
detaillierte bibliografische Daten sind im Internet
über <http://dnb.ddb.de> abrufbar.

Titel der englischen Originalausgabe:
House plus
Published by arrangement
with Thames & Hudson, London


Gestaltung: Grade Design Consultants

Satz: a.visus, Michael Hempel, München


Printed und bound in China by CS Graphics

ISBN 3-421-03546-6

# INHALT

# EINLEITUNG

Überall auf der Welt herrscht Bedarf an zusätzlichem Wohnraum. In London, New York, Sydney und München ebenso wie in unzähligen anderen Städten suchen Paare, Singles und junge Familien nach neuen Lösungen für den Umbau ihres Reihenhauses, ihres Bungalows oder ihres Hauses in einer vorstädtischen Wohnsiedlung: So wird rasch aus dem vorhandenen Wohngebäude das **Haus plus** einer kleinen Ergänzung an der Seite, an der Rückfront, auf dem Dach oder sogar im Souterrain. Ob wegen des begrenzt verfügbaren Raumes, der Bauvorschriften, der Denkmalschutzauflagen, der mit einem Neubau verbundenen großen finanziellen Verpflichtungen und Ungewissheiten, der höheren Kosten beim Kauf eines größeren Hauses in einer begehrten Lage – oder einfach weil das bewohnte Heim gefällt –, viele Menschen ziehen es vor, das Vorhandene um- oder auszubauen, um Büroräume zu schaffen, ihre Wohnräume zu erweitern, neue Schlafzimmer oder Gebäudeflügel für den Nachwuchs oder andere Familienmitglieder anzufügen oder mehr Licht und Luft in ihr Zuhause zu bringen, sei es in Form eines Glaspavillons oder

Wintergartens, eines Anbaus für das private Schwimmbad oder einer Dacherweiterung mit neuer Dachterrasse.

Die Projekte auf den folgenden Seiten veranschaulichen, dass unabhängig von der bestehenden Wohnsituation oder dem Grund für eine Umbaumaßnahme die Auswahl an Ergänzungen ebenso groß und unterschiedlich ist wie die Wünsche und Ideen von Bauherren und Architekten.

Wohnhauserweiterungen umfassen eine überwältigende Vielfalt an Stilen, Formen und Materialien, von getreuem Wiederaufgreifen bestehender Elemente bis hin zu bewusst gewählten Kontrasten zu Stil und Material des vorhandenen Gebäudes. Der Anbau an ein Haus im spanischen Kolonialstil aus den zwanziger Jahren in Kalifornien beispielsweise gleicht dem alten Gebäude bis hin zu den traditionellen Methoden für den Einsatz von Stuck und Farbe. In Schottland dagegen profitiert ein traditionelles Bauernhaus aus Stein in einer überraschenden Weise von einem gänzlich transparenten gläsernen Annex, der einen deutlichen Kontrast zum ursprünglichen Gebäude bildet, sich aber harmonisch in die Landschaft einbindet. Dazwischen liegen zahllose Möglichkeiten der Erweiterung mit unterschiedlichem Ausmaß, Ziel und Aufwand. Ein Anbau kann ein einfacher, aber eleganter Körper mit eigenem Charakter oder Teil einer größeren Neugestaltung sein, bei der die angefügte Konstruktion zu einem Umbau des Innern oder umgekehrt anregt. Wenn ein weitläufiger, lichtdurchfluteter Raum hinzukommt, ist man häufig geneigt, Trennwände zu entfernen, um Licht einzulassen. So kann ein altes Haus von einem neuen Gefühl von Offenheit und Licht erfüllt werden, auch wenn die Bausubstanz im Großen und Ganzen recht unberührt blieb.

Obwohl heutzutage mit den meisten Anbauten ein zeitgemäßes oder moderneres Haus angestrebt wird, liegt einer der Hauptgründe für diese Erweiterung in dem Wunsch nach mehr Tageslicht. In einem Stadthaus aus dem neunzehnten oder frühen zwanzigsten Jahrhundert in New York, London, Amsterdam oder Sydney kann es fast ebenso wichtig sein, mehr Licht in den Raum zu bringen wie den Raum selbst zu erweitern. Natürlich stellen sich da praktische Fragen. Wie lässt sich beispielsweise eine solche lichterfüllte Ergänzung an das bestehende Haus anbinden? Wie bleiben die eigene Privatsphäre und die der Nachbarn erhalten? Wie lassen sich die Planungen mit den in Städten zunehmend strengen Bauvorschriften vereinbaren?

Bevorzugtes Material für Anbauten dieser Art ist Glas. Zu Beginn des neuen Jahrhunderts ist die Glastechnologie so weit entwickelt, dass inzwischen höchst energieeffiziente Materialien mit guten konstruktiven Eigenschaften produziert werden, die durchaus finanzierbar sind. Wie später zu sehen ist, ließen sich mehr als nur einige wenige Bewohner von den großartigen Möglichkeiten dieses Materials verführen.

Der Anbau aus Glas bringt eine Fülle von Licht. Doch darüber hinaus verstärkt er jene wichtige Verbindung des Gebäudeinneren mit dem Außenraum, vielleicht auch dem Garten, die vielen Menschen zunehmend wichtig ist. Der Wunsch nach lichterfüllten, offenen Raumstrukturen, die sich eher mit dem Außenraum verbinden als von ihm abschotten, gibt oft den Anstoß zu einer Erweiterung des Wohnraums. Selbst in Gegenden mit weniger einladendem Wetter, in denen die Zimmergröße traditionell von ihrer leichten Beheizbarkeit abhing, setzt sich der von offenen Raumformen geprägte Lebensstil durch. Seine Beliebtheit ist wohl dem Trend zum Wohnen im Loft zuzuschreiben oder auch dem wiederaufgelebten Interesse an den mit Glaswänden ausgestatteten Häusern der Moderne, die um die Mitte des vergangenen Jahrhunderts verschwenderisch weite Glasflächen ins häusliche Umfeld brachten.

Außer Glas- und Leichtbaukonstruktionen lassen sich auch Materialien wie Holz, Stahl, Beton und Stein gleichermaßen innovativ, einfühlsam und zweckmäßig einsetzen, vor allem bei älteren Bauten. Während die meisten Bewohner wissen, wo sie anbauen wollen, haben wenige konkrete Vorstellungen, in welcher Weise dies geschehen soll. Alle ausgewählten Elemente – vom Holz des Bodenbelags bis zu den geätzten Glasplatten, von den Wänden aus Plexiglas bis zu den Oberlichtern und Fensterrahmen, von den Deckenmaterialien bis zu den Farbanstrichen – bestimmen das räumliche Erscheinungsbild und die Innenatmosphäre und wirken sich natürlich auch auf die öffentliche Wahrnehmung aus. Zahlreiche der hier vorgestellten Projekte zeigen ein hohes Maß an Experimentierfreude. Nicht alle Bauherren werden von ihrer örtlichen Baubehörde freie Hand bekommen, doch mag man angenehm überrascht sein, welche vielfältigen und ungewöhnlichen Erweiterungsformen auch unter Beachtung der Bauvorschriften zu realisieren sind.

Schließlich ist die Planung der Erweiterung des eigenen Zuhauses ein mitunter länger dauernder Prozess, in dessen Verlauf man die eigenen (häuslichen) Bedürfnisse besser kennen lernt. Mit diesem gegebenenfalls sehr aufschlussreichen Nachdenken befassen sich nicht viele Menschen, da sie eher geneigt sind, ihre Bedürfnisse dem Vorhandenen anzupassen anstatt etwas Eigenes und Neues nach ihren Wünschen zu schaffen. Natürlich ist damit eine große Herausforderung und ein gewisses Risiko verbunden; wie allerdings die Häuser auf den folgenden Seiten zur Genüge verdeutlichen, können diese nachträglichen Eingriffe zu wundervollen Ergebnissen führen und die häusliche Wohnqualität gewaltig verbessern. Und dies ungeachtet dessen, ob ein gänzlich neuer Annex zur Diskussion steht oder lediglich ein von Glas umschlossener Hofraum, ob zusätzliches Licht oder eine Rückzugsmöglichkeit gewünscht ist und ob eine Verschmelzung mit dem Umfeld oder eine ungewöhnliche architektonische Aussage angestrebt wird.

**Haus Plus** ist in fünf Kapitel unterteilt, von denen die ersten vier die natürliche Richtung von Hauserweiterungen behandeln: nach oben, hinten, zur Seite, nach unten. Das fünfte Kapitel, „Rundum", enthält Erweiterungen, die mehr als ein Geschoss oder eine Seite des Hauses einbeziehen. So hat vielleicht ein Bauherr zunächst einen rückseitigen Anbau fertig gestellt und sich später für eine ähnliche Konstruktion auf dem Dach entschieden. Jeder dieser Ansätze stellt andere Anforderungen an den Stil, den Entwurf und die Konstruktion der Erweiterung.

Anbauten an der Vorderfront sind nicht in einer eigenen Kategorie aufgeführt. Da sie gewöhnlich Teil größerer Umbauten sind, zu denen markantere Ergänzungen an anderer Stelle gehören, erscheinen sie in verschiedenen

Zusammenhängen. Interessanterweise gelten Frontfassaden vielfach als unantastbar. Gleichwohl können eine erhöhte Veranda, eine verbesserte Gartensituation oder eine ergänzte Außenhaut den Eingangsbereich aufwerten oder Alt- und Neubau vereinheitlichen. Bei keinem der Projekte geht es ausschließlich um eine Vergrößerung von Innenräumen. Allerdings kann diese auch hier wieder im Zusammenhang mit anderen Hauserweiterungen vorkommen, etwa einem frei stehenden Tragwerk aus Stahl, das einer Scheune eingefügt wurde, die auch über die Grenzen der ursprünglichen Konstruktion hinaus erweitert worden ist.

Der Anhang greift noch einmal einzelne Materialien und Leitthemen auf, indem er Details zusammenstellt, die eine Erweiterung auszeichnen, einen Bau in besonderer Weise aufwerten oder als Entwurfsthema dienen.

Dieses Buch möchte Eigenheimbesitzern das Selbstvertrauen geben, sich mit Fragen der Konstruktion, des Stils, der harmonischen Einbindung oder des Kontrasts auseinander zu setzen, um besseren Wohnraum zu schaffen.

Planern und Architekten soll die große Bandbreite an Möglichkeiten aufgezeigt werden, die sie mit einem Bauherren verwirklichen können. Hauserweiterungen sind häufig wenig beachtete Architekturprojekte. Doch birgt die Verjüngung und Ausdehnung eines alten, nicht voll genutzten Wohnraumes zu einem frischen, modernen und einladenden Bereich große, überraschende Möglichkeiten. Dies gilt auch für die Herausforderung, Neues mit Altem und Historisches mit Zeitgemäßem zu kombinieren, und gilt selbst dann, wenn man bedenkt, wie sich der Wohnraum im Laufe eines Lebens oder über Generationen entwickeln kann.

Manche von uns verbringen ihr Leben mit einer etwas zu kleinen Küche, mit einem etwas zu dunklen Wohnzimmer oder einem Haus, das gerade eben die alltäglichen Accessoires und Abläufe aufnimmt. In diesem Buch geht es darum, Mut zu machen, das häusliche Umfeld ebenso flexibel zu gestalten wie unseren Lebensstil und das Haus unseren Bedürfnissen anzupassen und nicht umgekehrt.

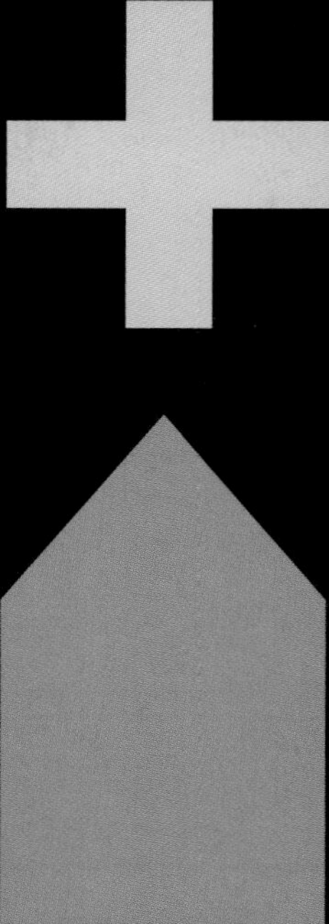

Dem Städter erscheint die steil nach oben gerichtete Dacherweiterung als einleuchtende Lösung, um Platz zu gewinnen und sich ein Stück Himmel und vielleicht sogar ein wenig Grün zu erschließen. Dieses Kapitel zeigt Erweiterungsbauten auf dem Dach. Sie reichen von kompletten Dachumbauten – beispielsweise entstehen ganze Wohnetagen durch ein angehobenes Dach und zusätzliche Belichtung mittels größerer oder überraschender Fensteröffnungen und Oberlichter – bis zu Aussichtspunkten auf dem Dach, bei denen ein Raum einem Flachdach aufgesetzt und die übrige Fläche für eine Terrasse, eine Veranda oder einen Garten offen belassen ist.

Dachaufbauten in Form semitransparenter Container schaffen schließlich einen geschützten Zugang zum Dach, lassen gleichzeitig Licht in das Treppenhaus fluten und erhellen ein, zwei oder selbst drei darunter liegende Geschosse.

Die Grenzen des Daches zu überwinden und den Dachraum zu durchbrechen erfordert Mut. Den meisten Menschen bereitet das Einreißen von Wänden Kopfschmerzen, auch wenn sie eine Gefahr für die Konstruktion ausschließen können. Doch der Gedanke an einen Dachdurchbruch stellt sie vor eine nervenaufreibende Herausforderung. Einen solchen Weg beschreitet gewöhnlich nur jemand, der bereits über eine Leiter oder eine Feuertreppe mehrere Erkundungstouren zu dem Aussichtspunkt auf dem Dach seines Hauses oder Wohnblocks unternommen hat. Schon diesem Ausflug haftet etwas Geheimnisvolles an. Plötzlich eröffnet das unbekannte Terrain vielfältige Möglichkeiten, sich zu zerstreuen, zu entspannen, Sonnenbäder zu nehmen oder die Welt auf Wipfelhöhe still zu betrachten. Ein Dach zu durchbrechen wirkt ausgesprochen befreiend. Wie weggeweht scheinen die räumlich-baulichen Begrenzungen des Hauses, und auch die Erwartung an ein neues Panorama oder einen anderen Lichteinfall bietet völlig neue Möglichkeiten. Die von Räumen auf dem Dach vermittelte Privatsphäre sowie das von ihnen ausgehende Gefühl von Freiheit macht sie äußerst attraktiv. Die Kosten für einen bescheidenen Raum auf dem Dach und eine offene Terrasse sind (bei solider Konstruktion) vergleichbar, manchmal sogar geringer als bei anderen Erweiterungsformen.

## Dachterrassen

Von einem modernen, mit Beton und Glas gestalteten Dach bis zu einem dschungelartig bepflanzten Dach aus Gehölz und Grün, welche die Stadtlandschaft weniger städtisch und das Dach mehr zu einem Refugium machen; von den Schwindel erregenden Räumen mit Blick auf die Skyline bis zu den Schutzbauten vor den Naturgewalten mit sorgfältig gerahmten Himmelsausschnitten:

Die Dachterrasse ist der geheime Rückzugsort des Städters. Der Entwurf des Architekten Lorcan O'Herlihy für ein Projekt in Hollywood (siehe Seite 20) ist ein gutes Beispiel für das nicht ausgeschöpfte Potenzial von Dächern. Während das Haus vor der Dachererweiterung keine besondere Aussicht bot, überblickt man von seiner Dachterrasse nun sowohl die sich zu Füßen des Hauses ausbreitende Stadt als auch den Pazifischen Ozean und seine Inseln in etwa 65 Kilometern Entfernung. In dem Penthouse mit luxuriösem Schlafzimmer und Bad sorgt eine Verkleidung aus Milchglas und Polycarbonat selbst im privatesten Bereich für eine offene und helle Atmosphäre.

## Räume obenauf

Manche Bauherren wünschen sich auf dem vorhandenen Gebäude mehr als nur einen zusätzlichen Raum mit Terrasse; ihnen liegt an einem größeren Innenbereich – etwa durch Anfügen eines vollständig neuen Geschosses – und auch an der Chance, dabei das darunter liegende Stockwerk mit mehr Licht auszustatten. Die Baugenehmigung für eine Aufstockung löst viele Probleme, insbesondere an einem verdichteten städtischen Standort. In einem nicht gerade malerischen, industriell geprägten Hafenviertel Rotterdams schufen Mechthild Stuhlmacher und Rien Korteknie die Extremform einer Dacherweiterung. Ihr Entwurf für das Parasite House, ein komplettes, mobiles Einfamilienhaus, lässt sich auf jedem Flachdach montieren, an das Versorgungsleitungen anzuschließen sind (siehe Seite 34). Zu ihrem Erstversuch des Parasite-Wohnens in Rotterdam gehörte sogar eine Neid erregende Dachterrasse – und dies im Rahmen einer preiswerten Wohnungsbaualternative.

Die meisten von uns werden sich jedoch für eine eingeschossige Erweiterung entscheiden, wobei je nach Lichtführung auch bei dieser fast der Eindruck einer neuen Wohnform aufkommen kann.

Projekte wie Sam Marshalls Dacherweiterung für ein Ziegelsteinhaus aus dem 19. Jahrhundert in Australien (siehe Seite 28) ergeben im obersten Geschoss eine sehr moderne, kompakte Reihe von lichtdurchfluteten Räumen. Dabei ermöglicht ein umlaufendes Oberlicht großzügigen Lichteinfall. Bei der Ergänzung eines Hauses am Stadtrand von Paris verwendet Jakob + MacFarlane zur Belichtung eines Kinderspielzimmers eine ganze Palette ungewöhnlicher Fensteröffnungen (siehe Seite 32). Mit rück- statt vorderseitigen Dachdurchbrüchen lassen sich Planungsprobleme lösen, da so der Charakter einer historischen Straße erhalten bleibt und dennoch die dringend nötige Erweiterung möglich ist. Andere Lösungsansätze für die Endetage sind ehrgeiziger. Für einen eingeschossigen, zwischen zwei höheren Häusern eingekeilten Bau in Paris konzipierte das Team von Architecture Studio vier Etagen, die sich allesamt zum Licht hin nach oben und zu den Fenstern an der Fassadenseite öffnen (siehe Seite 26). Die Architekten gaben sich nicht damit zufrieden, den Raum lediglich mit einer den benachbarten Bauten vergleichbaren Architektur zu füllen. Sie fügten Volumina an, welche »die Sonne bis in den hintersten Winkel des Hauses bringen«.

### Dachaufbauten und Treppen

Licht, Licht und noch mehr Licht lauten immer wieder die Wünsche von Bauherren an Dacherweiterungen. Dabei sind einige von ihnen sogar weniger an zusätzlichem Raum als vielmehr nur an einer Öffnung interessiert, um das Treppenhaus und die umliegenden Räume möglichst gut zu belichten. Dachaufbauten erfordern einen höheren konstruktiven Aufwand als Dachfenster und sind dabei weniger imposant als eine vollständige Dacherweiterung. Bei den beiden hier vorgestellten Projekten mit Dachaufbauten (siehe Seiten 40 und 42) fungiert ein transparenter Erweiterungsbau auch als Zugang zu einer neu geschaffenen Dachterrasse. Ein von Helligkeit erfülltes Treppenhaus führt durch die »Lichtbox« zum eigentlichen Dach empor und lockt nun alle jene, die sich unten befinden, geradezu nach oben.

Aus den meisten Erweiterungsbauten im obersten Geschoss erwachsen kreative Lösungen für das uralte Problem dunkler, unbehaglicher und enger Treppenhäuser. In den hier gezeigten Projekten geht die Tendenz zu offenen Treppenhäusern. Sie gestatten über Dachaufbauten, Fenster in der Endetage oder sogar Verglasungen innerhalb der Räume eine maximale Zufuhr von Tageslicht. Scheinbar frei schwebende Treppen nutzen das Treppenhaus als Lichtquelle, tragen zur Transparenz bei und wirken so der durch Trennwände erzeugten Verdunkelung von Räumen entgegen. Einbezogen sind Projekte, deren Dacherweiterung sowohl das obere als auch das Geschoss darunter umfasst.

# Nathanson Residence, Hollywood, Kalifornien, USA
## Lorcan O'Herlihy

> Ein Haus in Hollywood verdankt Lorcan O'Herlihy Architects einen fantastischen Aussichtspunkt auf dem Dach. Die geschwungene Form von Konstruktion und Aussichtsdeck scheint in einem Dialog mit der Stadt zu stehen und trägt zum überwiegend offenen und dennoch abgeschirmten Eindruck bei.

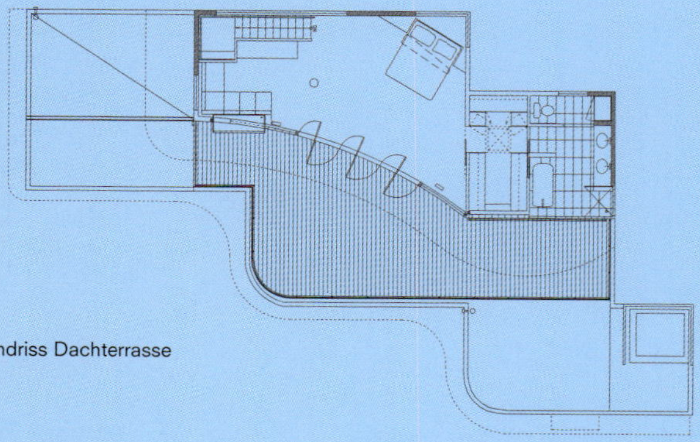

Grundriss Dachterrasse

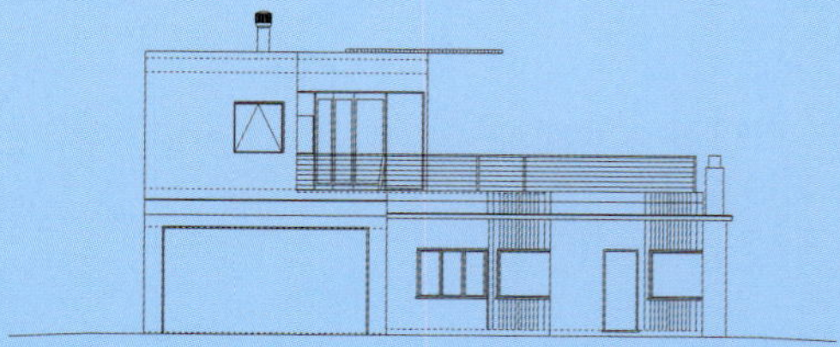

Seitenansicht

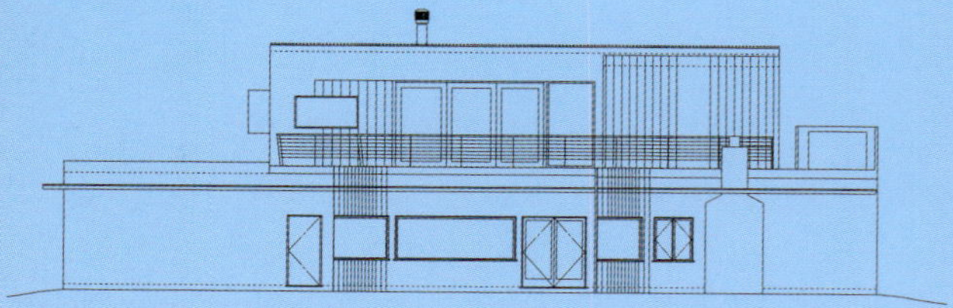

Rückansicht

∧ Unerwartet praktisch bei einem derart grandiosen Entwurf: Der Sitzbereich mit speziell angefertigten Möbeln aus Ahornholz birgt Stauraum unter den Sitzen.

**Bei einem Haus in den Hügeln von Hollywood ist die Aussicht das Entscheidende. Doch hier fehlten sowohl die Aussicht als auch ein Raumgefühl. Die Lösung lautete daher, in die Höhe zu bauen und von dort aus hinauszuschauen, das Dachgeschoss nicht einfach zu erweitern, sondern eine Konstruktion zu schaffen, die auf ihren grandiosen Standort enthusiastisch reagiert. Als Materialien dienten ein Holzbohlenbelag, um den Außencharakter zu betonen und dem gelegentlich rauen Wetter zu trotzen; Glas in unterschiedlichen Graden der Transparenz, um Licht einzulassen, aber auch für Privatsphäre zu sorgen; und nichtrostender Stahl in irreführend dünnen Seilen für sichere, aber fragile Geländer. Alles ist in geschwungenen Formen ausgeführt, die auf dem Dach des Altbaus beinahe ausgelassen wirken. Lorcan O'Herlihy ist für seine klare und moderne, aber dennoch dynamische Formensprache bekannt. Häufig belebt er seine klaren Linien jedoch mit Farbe und Textur. Hier erlagen er und seine Kunden der**

Faszination, alles überblicken zu können, und zwar nicht in einem dicht bebauten städtischen Umfeld, sondern in einem Mix aus halbhoher Bebauung, Hangbepflanzung und Seeblick. Da dies alles mit einbezogen ist, entsteht ein perfekter kleiner Aussichtspunkt.

Diese Dacherweiterung ist jedoch mehr als ein eleganter Aussichtspunkt, sie dient auch praktischen Zwecken. Der Neubau auf dem Dach umfasst ein Schlafzimmer mit angeschlossenem Bad. Die Helligkeit und Transparenz der Räume steht in Einklang mit ihrer dem Wind ausgesetzten Gipfellage. Sitzbereich, Elternschlafzimmer und Bad enthalten allesamt speziell angefertigte Einbauten aus Ahorn, so dass sich der Luxus nicht auf den Außenbereich beschränkt.

Hinter der sanft geschwungenen Fassadenlinie, die auf der Idee eines gleichsam auf die Stadt schauenden Auges basiert, liegt das Schlafzimmer, vom Aussichtsdeck leicht

∧ Der weite Bogen der Konstruktion schafft auf dem Dach eine eigene Landschaft. Palmen, Holzplanken und eine Reihe großer Türen machen den Dachbereich einladender.

**versteckt, während das Bad am äußeren Rand der Kurve von Licht überflutet ist; von allen Räumen schweift der Blick in die Ferne.**

**»Ein Haus hat das Potenzial, die Stadt einzubeziehen«, so O'Herlihy, und dies ist ihm geglückt. Die Dacherweiterung nutzt die Ausblicke, von denen die Bewohner zwar wussten, aber bis dahin nicht profitieren konnten.**

> Ein Bad mit verglaster Dusche befindet sich unter den Räumen auf dem Dach. Platten aus Matt- und Klarglas sorgen für Privatheit und Licht.

< Die Glasplatten des Badezimmers finden sich auch an der Außenseite des Sitzbereichs, damit die Materialien an der Fassade miteinander harmonieren. Allerdings sind sie hier mit Holz unterlegt, um die Privatsphäre zu schützen.

# Räume obenauf

∧ **Eingeschossiges Gebäude, Paris, Frankreich**
Diesen Aufbau auf einer Erdgeschosskonstruktion entwarf das Büro Architecture Studio. Um eine vertikale Lücke zwischen zwei bestehenden Bauten zu schließen, ergänzte es vier Geschosse. Als seitliche Begrenzung des Hauses folgen die beiden geschwungenen weißen Wandfelder dem Verlauf der angrenzenden Häuser, während die geneigte Fassadenfläche aus Holz innen ein interessantes Spiel des Lichts bewirkt.

∧ Da dieses Einfamilienhaus um eine offene, nur von einem Metallgitter begrenzte zentrale Treppe konzipiert wurde, fällt innen zwischen den Geschossen natürliches Licht ein. Rechteckige Fensteröffnungen tragen zu einer gewissen Abgeschiedenheit bei und gestatten dennoch möglichst viel Sonnenlicht. Im sparsam ausgestatteten Innenraum schaffen Materialien wie Holz und Metall einen veränderlichen Rahmen für das Mobiliar und die Bedürfnisse einer Familie.

ONE
WAY

∧ **Viktorianisches Stadthaus, bei Sydney, Australien**
Eine kräftige Farbe hebt die hellen Räume der Erweiterung hervor, zu der ein Schlafbereich, ein Wohnzimmer, eine Garderobe und ein Bad gehören. Oberlichtfenster im Schlafzimmer lassen Licht eintreten, ohne die Privatsphäre zu beeinträchtigen.

< Auf einem schmalen Grundstück bot zwar das Stadthaus aus Ziegelstein Ausbaupotenzial, doch war eine Baugenehmigung schwer zu erhalten. Glücklicherweise konnte sich Sam Marshalls Entwurf einer subtilen, gleichwohl modernen Dacherweiterung bei den Behörden behaupten.

∧ Im Wohnbereich sorgt ein größeres Fenster im gesamten Raum für mehr Licht. Eine hellrot gepolsterte Sitzbank unter dem Fenster schafft einen Hauch von Behaglichkeit und lädt dazu ein, den Ausblick auf die benachbarten Häuser zu genießen.

112

**< Urbanes Wohnen, Köln, Deutschland**
Das Gebäude »Legal/Illegal«, das Manuel Herz auf einem schmalen Grundstück errichtet hat, hält im Erdgeschoss alle Bauvorgaben ein, wozu auch der Erhalt eines Torbogens zählt. Die oberen Geschosse sind »illegal« gestaltet und überschreiten die laut Bebauungsplan zulässige Baumasse.

∧ Jede Fläche des oberen Baukörpers ist facettiert, wodurch viele Fenster und helle Innenräume möglich sind. Außen verleiht ein roter Polyurethanüberzug Wänden und Dachflächen einen einheitlichen Charakter. Terrassen bringen die Baumasse schrittweise auf das Volumen des Erdgeschosses.

∧ Statt im gleichen Stil wie beim Umbau fortzufahren verliehen die Architekten dem neuen Geschoss lieber eine eigene Identität, indem sie für die Kinder zwei kleine, mit Zinkblech verkleidete »Iglus« bauten. Während die Erweiterung in Formen und Material eine radikale Abkehr vom Gewohnten ist, orientieren sich die Räume im Hinblick auf die zurückgesetzte Fassade und die standortspezifische Gestaltung an den Bauvorschriften.

∧ **Vorstadthaus, Paris, Frankreich**
Nachdem das Architekturbüro Jakob + MacFarlane bereits im Jahre 1994 das bestehende Haus umgebaut hatte, erhielt es von den Bauherren erneut einen Auftrag. Diesmal war eine eingeschossige Aufstockung geplant, im Wesentlichen ein 40 Quadratmeter großer Loft für die Kinder.

∧ Die von den Architekten beabsichtigte Aufgliederung der Zinkvolumen erfuhr aufgrund der örtlichen Bauauflagen eine Korrektur. Das Ergebnis war eine Reihe komplexer geometrischer Formen mit mehreren ungewöhnlichen Öffnungen für Fenster und Oberlichter.

< Die vorgefertigte, senkrechte Verschalung aus Kiefernholz wurde mit einem Kran auf dem Dach platziert. Eine robuste und verformbare Zinkverkleidung eignet sich gut für eine solch unregelmäßige Form an einem exponierten Standort.

Parasite Las Palmas (LP2)
Rotterdam, Niederlande
Korteknie Stuhlmacher

∧ Der Ausblick von der Terrasse täuscht über die Lage des Anbaus auf dem Technikraum des Daches eines ehemaligen Industriegebäudes hinweg.

< Der Innenraum der vorgefertigten Dachaufstockung ist mit dem selben Werkstoff aus Abfallholz verkleidet, wie er zur Herstellung der tragenden Holzplatten diente. Durch die Präzision beim Zuschnitt der Halbfertigelemente entsteht jedoch der Eindruck einer Maßfertigung.

Seitenansicht

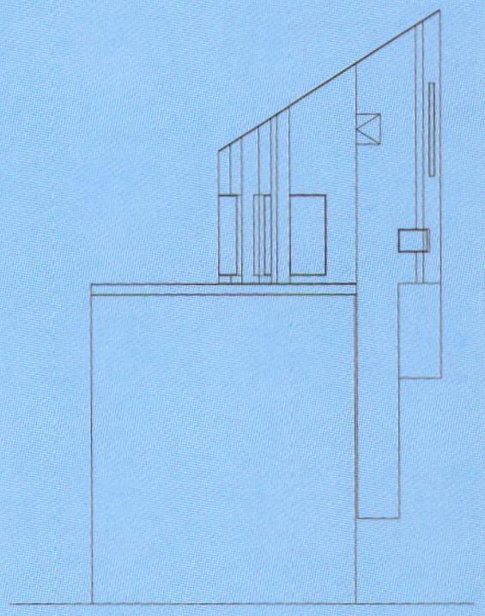

Rückansicht

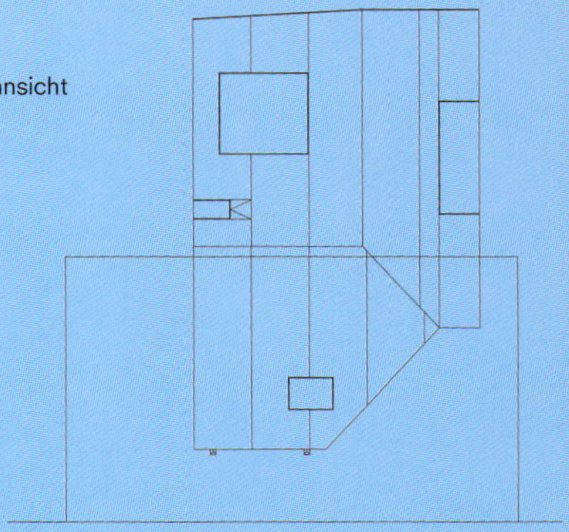

Das Parasite-Haus ist keine Erweiterung oder Ergänzung im traditionellen Sinne, sondern eine halb-autonome Konstruktion, die sich mit einem bestehenden Gebäude – idealerweise einem stillgelegten Lagerhaus, einem anderen kleinen Fabrikgebäude oder den Flachdächern großer Bauten – verbinden und an die Versorgungseinrichtungen dieser Konstruktion anschließen lässt. So entsteht ein Wohnhaus, das von einem anderen Bau lebt, kein Grundstück beansprucht und ein modernes, reizvolles Wohnumfeld bietet. Das Parasite besteht aus Fertigteilen und nutzt recht preiswerte Baumaterialien. Dennoch präsentiert es sich elegant und einzigartig, wirkt eher speziell angefertigt als umweltverträglich und eröffnet vielen Standorten, die brach liegen oder zum ständigen Wohnen ungeeignet erscheinen, eine aussichtsreiche Perspektive. Inspiriert von den Ideen für temporäre und mobile Architektur entstand das Parasite-Haus im Rahmen eines nach der Ernennung Rotterdams zur Kulturhauptstadt Europas 2001 ins Leben gerufenen Programms.

Auch wenn das Parasite-Haus nicht gerade die Erweiterung ist, von der man träumt, könnte es durchaus zukünftiges Bauen beeinflussen. Der für das Dach des Technikraumes im Las Palmas-Gebäude in Rotterdam von den Architekten Mechthild Stuhlmacher und Rien Korteknie konzipierte Wohnraum ist der erste seiner Art, der vollendet wurde. Nach Ansicht der Architekten war das weitläufige, leer stehende Dach ein idealer Standort für ihren experimentellen Bau, für dessen Aussicht auf das Hafenviertel Höchstpreise gezahlt würden.

> Wand-, Boden- und Dachelemente des umweltfreundlichen Gebäudes bestehen aus großformatigen, aus Schichten zusammengesetzten starken Holzplatten. Diese sind aus Holzabfällen vorgefertigt worden.

>> Das preiswerte Luxusappartement bietet Raum für ein Wohnzimmer, das sich zur Dachterrasse mit Blick auf den Hafen öffnet.

< Die leuchtend grüne Gestalt des Parasite-Haus gerät ist im ehemaligen Hafenviertel ein Symbol für anspruchsvolles Design.

LAS PALMAS

< Das leer stehende Gebäude im Hafenviertel eignet sich zum »parasitären« Bewohnen und beherbergt ein Penthouse mit einer luxuriösen Dachterrasse – ein Wohnkomfort, der eher mit Millionenobjekten assoziiert wird. Inmitten grauer Betonplatten bildet das Haus einen in sich geschlossenen Raum gehobener Lebensqualität und gestalterischen Bewusstseins.

^ **Wohnhaus in Seattle, Washington**
Beim Umbau eines Vorstadthauses stellte Jim Burton von BLIP Design erfreut fest, dass sich die Bauherren ebenso für energiesparendes Bauen interessierte wie er. Ihr gemeinsames Engagement für Solarenergie führte zu einem Dachaufbau, der sowohl die Sonnenkollektoren aufnimmt als auch als Lichtquelle zur Beleuchtung des Treppenhauses dient. Da die Treppe durch den Dachaufbau führt, ist die Dachterrasse nun auch leichter zugänglich.

> Die Holzschalung an der Vorderseite verdeutlicht das Ausmaß der Umbauarbeiten außen und innen. Sie ist in die Gestaltung der Dacherweiterung einbezogen.

**< Reihenhaus, London**
Eine sehr einfache Dacherweiterung in Form eines Wintergartens konzipierte der für raffinierte und elegante Anbauten bekannte Architekt Simon Conder. Bei bescheidenen Kosten bietet der ergänzte Bauteil eine Fülle natürlichen Lichts in den Räumen darunter, darüber hinaus einen angenehmen Wintergarten und einen bequemen Zugang zum Dachbereich, der jetzt als Dachgarten genutzt wird.

> Eine preiswerte Polycarbonatverkleidung und ein verstrebtes Fachwerk aus Nadelholz ergeben einen besonders kostengünstigen, alterungsbeständigen und wunderbar transparenten Raum. Das Polycarbonat sorgt dabei für mehr Abgeschiedenheit als normales Glas.

HINTEN

Erweiterungen erfolgen wohl am häufigsten hinter einem Haus oder einer Wohnung im Erdgeschoss. Eine solche Positionierung nutzt freie oder ungeliebte Teile einer Gartenfläche vor allem an Orten, an denen das Klima den Gebrauch des Außenraumes auf einige wenige Monate im Jahr beschränkt. So lässt sich ein Gartenschuppen in ein neues Esszimmer verwandeln oder mit einem angebauten Wintergarten ein geräumiger, offener Küchen- und Essbereich schaffen, der unmittelbar ins Freie führt – eine ideale Lösung besonders für Familien mit kleinen Kindern oder für Menschen, die gerne Gäste haben und einen großen durchgehenden Raum mit einem bequemen Übergang zwischen drinnen und draußen wünschen. Auch bei noch so wenig einladendem Wetter hilft ein rückseitiger Anbau vielfach, den Außenbereich in den Wohnraum einzubinden. Über großflächige Fenster oder Glasschiebetüren gelangt mehr Helligkeit ins Haus und ein Oberlicht im neuen, vorspringenden Raum gewährleistet zu jeder Tages- und Jahreszeit den Einfall von Sonnenstrahlen.

### Haus und Garten

Rückwärtig erweiterte Erdgeschosse bieten eine ausgezeichnete Möglichkeit, den Außenbereich einzubeziehen. Paul Archers nahezu unsichtbarer, vollverglaster Anbau in London (siehe Seite 56) verstärkt die Wirkung eines kleinen Stadtgartens, indem der von Pflanzen und einem Wasserbecken umgebene neue Raum mit seiner Umgebung verschmilzt. Ebenfalls in London konzipierte der produktive Minimalist Simon Conder ein Gartenzimmer, das trotz der raumhohen Verglasung an drei Seiten die Atmosphäre eines behaglichen Wohnraums verbreitet. Hier ist das Grün des Gartens allgegenwärtig (siehe Seite 52). David Adjaye (siehe Seite 58) gab sich mit einer Schiebetür als nahtlosem Übergang ins Freie nicht zufrieden. Er plante eine große schwenkbare Fensterfläche und verkleidete die Innen- und Außenbereiche mit dem gleichen Material. Haus und Garten stoßen daher nicht aufeinander, sondern überwinden ihre Grenzen.

### Praktische Nebengebäude

Dahinter verbirgt sich mehr, als die Bezeichnung vermuten lässt: Zweckmäßige Räume an der Hausrückseite reichen von einer abgetrennten Wohnung für die Großeltern (siehe Seite 62) bis zum praktischen und geräumigen Anbau eines modernen Badezimmers oder einer Küche. Funktionale Anbauten können vor allem dann eine ganz eigene Schönheit entwickeln, wenn die Gestaltungsmöglichkeiten beim Eingang, der Belichtung und der Verkleidung voll ausgeschöpft werden.

### Kunstvolle Räume

Natürlich sollen einige rückseitige Anbauten mehr leisten, als nur die Bewegungsfreiheit der Bewohner ein wenig zu vergrößern. Für Bauherren mit sehr ambitionierten Vorstellungen vom Wohnen kann die rückwärtige Ergänzung einen vollständigen Bruch mit der stilistischen Harmonie des bestehenden Hauses beinhalten. Bei den Eigentümern eines Vorstadthauses mit Giebeldach außerhalb von Boston, Massachusetts, reagiert die Erweiterung auf ihren veränderten Lebensstil. Sie hat mit dem ursprünglichen Haus wenig gemein, ist auf großzügiges Arbeiten zu Hause abgestellt, auf die Präsentation der umfangreichen und geliebten Sammlung zeitgenössischer Kunst, auf das Bedürfnis der Bewohner, das ganze Jahr über schwimmen und trainieren zu können (siehe Seite 66).

Kunst war auch die treibende Kraft einer Erweiterung auf einer strikteren Baubestimmungen unterworfenen Parzelle in London (siehe Seite 70). Der größtenteils verglaste Anbau erweckt in dem schmalen, etwas beengten Doppelhaus den Eindruck von Weite. Er gestattet eine großzügige Anordnung der Kunstobjekte sowie die Öffnung der Räume zum Licht.

### (K)eine so simple Kastenform

Selbst eine Raumerweiterung in Gestalt einer simplen Kastenform kann sich stark auf den gesamten Wohnbereich im Erdgeschoss auswirken. Da sie das natürliche Licht, moderne Materialien und einen offenen Grundriss besser nutzt, bedeutet die Erweiterung in Kastenform weitaus mehr als nur Raumgewinn.

Häufig steht bei diesen Erweiterungen der Freiluftbereich im Zentrum der Planungen. Die relativ kleinen, neuen Räume bieten sich für Experimente mit Farbe, Materialien und Textur geradezu an. Bei der Planung eines Anbaus für ein Haus im Stil eines französischen Schlosses dürften selbst die Architekten des holländischen Büros One Architecture überrascht gewesen sein, als der Bauherr Mies van der Rohes Farnsworth House als Vorgabe wählte (siehe Seite 80). Großflächige Fenster rücken jedoch das frische Grün, Braun und Blau der Bäume, des Rasens, der Büsche und des Swimmingpools so unmittelbar ins Blickfeld, dass die Landschaft und nicht die minimalistische Gestaltung im Innern die größte Aufmerksamkeit erfährt.

### Versetzt angeordnete Räume

Räume müssen nicht vollverglast sein, um den Außenbereich zur Geltung zu bringen. Gleichwohl trägt Glas dazu bei, die Natur in den Vordergrund zu stellen. Besondere Möglichkeiten bietet dabei die versetzte Anordnung von Raumteilen.

Eine rückseitige Erweiterung kann ein einfacher Anbau hinter einem Haus sein. Sie kann aber auch so gestaltet sein, dass sie die Gartenbereiche entsprechend ihrer Nutzung hervorhebt – als privater Hofraum mit Terrasse am Haus und leicht abgetrennt vom zentralen Gartenhof wie in dem Entwurf von Wilkinson King (siehe Seite 88) am Stadtrand von London. In den Bergen außerhalb von Los Angeles plante das Architekturbüro Marmol Radziner einen Anbau, der den Stil des Landhauses mit Stülpschalung meisterhaft nachahmt. Allerdings steigt er den Abhang hinter dem Haus empor und rahmt eine liebevoll gehütete Eiche ein (siehe Seite 92).

In Calgary, Kanada, wird im Grunde genommen fast zehn Monate im Jahr der Außenbereich nicht genutzt. Richard Davignon erweiterte dort ein bescheidenes, leicht in den rückseitigen Innenhof vorspringendes Haus um ein neues Gartenzimmer mit viel Licht und Aussicht nach draußen, das dennoch den Komfort eines geschützten Innenraums bietet (siehe Seite 86).

### Die neuen Wintergärten

Glas definiert das, was wir als »die neuen Wintergärten« bezeichnen. Diese gläsernen Volumen sind schnörkellose, zeitgemäße Anleihen bei dem traditionellen Wintergarten, der in den letzten Jahrzehnten ein recht altmodisches Image bekommen hat. Die schlichten, klimatisierten Räume von heute möchten uns ins Freie führen, dies jedoch komfortabel und wettergeschützt.

### Poolansichten

Ein Pool allein bedeutet heute keinen Luxus mehr. Beispiele von der französischen Riviera (siehe Seite 106) und aus Irland (siehe Seite 110) zeigen wunderbare Anbauten, die einem privaten Schwimmbad zugeordnet sind oder dieses beherbergen. Warum auch nicht? Wenn jemand Tausende von Litern kostbaren Wassers in seinen Gartenhof strömen lässt, sollte er nicht nur darin schwimmen, sondern sich auch am Anblick der Anlage erfreuen können.

∧ **Eingeschossiges Haus, Los Angeles** Ein Wasserbecken reflektiert die Morgensonne auf die Mauerwände der rückwärtigen Erweiterung von Daly Genik. Die schmale Wandbreite und die Öffnungen an der Ecke verstärken den Eindruck, dass Innen- und Außenraum miteinander verschmelzen.

> Das ursprüngliche Haus hatte Gregory Ain, ein Architekt der kalifornischen Moderne, im Rahmen eines Wohnungsbauprojekts in den Jahren nach dem Zweiten Weltkrieg entworfen. Der neue, zweigeschossige Anbau ist in durchscheinendes Polycarbonat gehüllt, um Licht einzulassen und eine umfangreiche Sammlung von Wandtextilien zu schützen.

< Die Umgestaltung des Gartens erfolgte in Absprache mit dem Landschaftsarchitekten Garrett Eckbo, der das Gelände ursprünglich angelegt hatte. Einheimische Pflanzen, Bäume und Büsche schaffen üppiges Grün. Die erneuerte Pflasterung im Innenhof unterstreicht die Verbindung zwischen Innen- und Außenräumen.

∧ Durch die erhöhten Decken erhält eine bescheidene Grundfläche den Eindruck von Größe. Das Ahornsperrholz an der Decke spiegelt sanft natürliches und künstliches Licht. Die mit einer Höhe von 4,27 m raumhohen Stahlregale bieten Stauraum für Bücher und Textilien.

**> Haus aus dem 19. Jahrhundert, London**
Architekt Simon Conder baute an der Rückseite dieses Hauses eine »Kristallbox« an und schuf damit ein Gartenzimmer. Es nimmt den ursprünglich als unangenehm eng empfundenen Bereich zwischen Garage und Haus mit auf. Den täuschend einfachen Entwurf prägen geschickt angeordnete Materialien: Stahlträger, Glaswände an drei Seiten sowie dunkles Holz an den Innen- und Außenseiten. Das Dach des Anbaus bietet Platz für eine neue Terrasse für das erste Obergeschoss.

∧ Ein von Kieseln gesäumter Graben umgibt die neue Konstruktion, setzt sie vom Steinpflaster ein wenig ab und lässt sie scheinbar schweben. Ansonsten sind die Grenzen zwischen drinnen und draußen kaum wahrnehmbar.

> Dem Architekten lag an einem transparenten und leuchtenden Raum. Der Kalksteinboden und die weiß geputzte Decke spiegeln in dem von Helligkeit erfüllten Anbau das Nordlicht wider.

∧ **Reihenhaus, London**
Paul Archer erweiterte ein traditionelles Haus um einen fantastischen Mehrzweckraum. Mit seinem ungeteilten massiven Glasdach, den nahezu vollständig verglasten Wänden, der Fußbodenheizung für den Winter und der Wand- und Bodenlüftung zur Kühlung im Sommer ist der Raum weit mehr als ein einfaches Gartenzelt. Als »unsichtbare Architektur« konzipiert, eignet er sich ideal für Abendgesellschaften oder die Lektüre der Sonntagszeitung in der kühleren Jahreszeit.

∧ Da der Entwurf auch die erhöht angeordneten Beete, die Bepflanzung mit Büschen und Bäumen im Garten sowie das beleuchtete Wasserbecken umfasst, entsteht zwischen dem Ziegelbau und dem Freien eine enge Verbindung. Eine speziell gestaltete und aufeinander abgestimmte Beleuchtung in Garten, Wasserbecken und angebautem Raum ruft eine Farbvielfalt hervor, die sich auf dem Wasser spiegelt und dem kleinen Gartenzimmer Großzügigkeit verleiht.

> Nicht der Raum holt die Natur ins Haus, sondern umgekehrt. In diesem sorgfältig gestalteten Garten erhält der transparente, klimatisierte Anbau eine skulpturale Qualität.

v **Stadthaus, London**
Durch Ausheben des rückseitigen Gartens dieses viergeschossigen Hauses aus dem 19. Jahrhundert entstand ein langer, durchgehender Raum. Das einst schwer zugängliche, teilweise unterirdische Kellergeschoss ist heute ebenso reizvoll wie der Garten. Um den Innenraum über die Stirnwand des Hauses hinaus zu erweitern, weisen Garten und Küche den gleichen Bodenbelag auf.

> Das hervorstechendste Merkmal des Entwurfs, der vom Büro David Adjaye Associates stammt, ist die riesige, nach oben schwenkbare Fensterwand. Sie gleicht der gläsernen Dachfläche des Anbaus und öffnet die gesamte Stirnseite zum Außenbereich. Bei dem wenig verlockenden Londoner Wetter bietet sie außerdem eine zusätzliche Überdachung. Pflanzkübel und ein Springbrunnen gehören zur Gartengestaltung.

< Die Küche im Kombüsenstil betont den kontinuierlich fließenden Raumeindruck im Kellergeschoss. Auch der durchgängig verwendete schwarze Basalt zieht den Raum in den rückwärtigen Garten hinaus. Dort ist die erhöhte Terrasse am anderen Ende mit Holz verkleidet, um sie von dem Innenraum abzuheben. Durch Glasplatten an der Badezimmerwand links gelangt Licht in den Küchenbereich.

# Praktische Nebengebäude

∧ **Haus am Stadtrand, Kaiserslautern, Deutschland**
Mehrere Generationen einer Familie unter einem Dach zu vereinen kann schwierig sein. Bei diesem Anbau waren jedoch von bayer uhrig Architekten zusätzlich strenge Bauauflagen zu erfüllen, die beispielsweise ein Flachdach ausschlossen.

< Die regelmäßige Holzverkleidung korrespondiert mit der einheimischen Bauweise. Interessant ist das auskragende Obergeschoss.

> Die neue Wohnung verfügt über einen separaten Eingang. Andere Räume der Erweiterung werden vom bestehenden Haus aus erschlossen. Wichtig ist die Anordnung der Fenster, die aus dem Anbau weite Ausblicke auf das Weideland ermöglichen.

v **Georgianisches Stadthaus, London**
Für diesen Anbau bot sich eine Holzkonstruktion als perfekte Lösung an. Die Innenräume sind mit durchscheinendem, weißem Plexiglas verkleidet. Dieses Material erzeugt glänzende Oberflächen, ist feuchtigkeitsbeständig und lässt die horizontalen Streifen der Fenster erkennen, durch die natürliches Licht einfällt.

v »Bei georgianischen Gebäuden haben Holzanbauten eine lange Tradition«, meint der Architekt Henning Stummel. Im Holzturm sind zwei Badezimmer und ein WC-/Wirtschaftsraum untergebracht, die von jeder Geschossebene erschlossen werden. Die gesamte Konstruktion lässt sich bei Bedarf entfernen, ohne die Geschlossenheit des bestehenden Gebäudes zu beeinträchtigen.

> Da die Fensteranordnung in Einklang mit den Nachbarbauten stehen sollte und kein Raum Wohnzwecken dient, verzichtete Stummel auf Fenster und belichtete die Räume durch Öffnungen, deren Abmessungen den Sperrholzstreifen der Konstruktion entsprechen. Die Entscheidung für Holz erwies sich als praktisch, da alle Bauelemente durch das Haus getragen werden mussten.

**^ Ländliches Wohnen, bei Boston**
Eine rückwärtige Erweiterung an einem Haus in Massachusetts ermöglicht durch ein in die Höhe gespreiztes Dach und großformatige Fensterscheiben eine Reihe lichterfüllter Innenräume mit offenem Grundriss. Das Architekturbüro Kennedy & Violich sollte Raum für Kunst, Fitness, Geselligkeit, Arbeit, Studium und Entspannung schaffen – und all dies in einer insgesamt 306 Quadratmeter großen Erweiterung.

<< Die Architekten lösten das Problem, indem sie den Swimmingpool in den Wohnbereich integrierten und so einen separaten Bau einsparten. Mithilfe einer Brücke und eines Zwischengeschosses oberhalb des Pools gewannen sie Raum für einen der Bürobereiche. Die Beschränkung der Materialpalette auf nur eine Holzart in Verbindung mit Beton sorgt für fließende Raumübergänge. Wichtig war auch die umfangreiche Kunstsammlung der Bewohner. Deshalb ist der Raum von Licht erfüllt, doch tritt es überwiegend indirekt und durch Oberlichter oder hinter Wänden ein, an denen empfindliche Arbeiten auf Leinwand oder Papier hängen.

<<< Von außen wirkt die Erweiterung wie ein völlig eigenständiger Bau. Eine geschickte Lichtführung lässt das Licht in einem Winkel durch die Oberlichter einfallen.

<< Für Böden, Wände und Arbeitsflächen kommt durchgängig Schichtholz zum Einsatz, das sich mit seiner Krümmung jeder neuen Funktion anpasst. Innen befindet sich oberhalb des Swimmingpools ein Bürobereich.

< Das chemisch aufbereitete Wasser des Swimmingpools verbreitet keine unangenehmen Gerüche. Die Konstruktion um den Pool trägt das Dach und nimmt in der Decke die Haustechnik auf, etwa eine Klimaanlage zum Schutz der Kunstobjekte vor Feuchtigkeit.

v Bücherregale folgen exakt dem Verlauf der Erweiterung. Der Architekt nutzte den Höhenunterschied, um in Einbauten den zur Aufbewahrung von Büchern und Objekten dringend benötigten Raum bereitzustellen.

v Die mit Irokoholz verkleidete Rückseite der Erweiterung schließt die Gebäudeflucht elegant ab und bietet außerdem ein behagliches Refugium im Garten. Irokoholz fühlt sich angenehm an und ist dabei sehr hart und wetterbeständig.

**> Doppelhaushälfte, London**
Der Architekt Sanya Polescuk sollte einen rückwärtigen, für eine private Kunstsammlung geeigneten Anbau planen. Zunächst schuf er einen verglasten Raum, der zwischen dem steilen Abhang an der Rückseite des Hauses und der Gartenebene vermittelt. An diesen dynamischen und transparenten Übergang schließt sich eine massivere und geschlossenere Konstruktion an. Die Kunstobjekte, die vor Sonnenlicht geschützt werden müssen, sind in den hinteren Trakten der Erweiterung untergebracht. Dagegen stellen eine großformatige Fensterwand und eine Glastür eine natürliche Verbindung zum Garten her.

∧ **Apartment in Manhattan**
Der vom Architekturbüro Artifact Design+Construction geplante Anbau an einen Raum im Erdgeschoss vergrößerte nicht nur die Grundfläche, sondern wertete auch den rückseitigen Garten auf. Ermöglicht wurde dies auch durch den ungewöhnlichen Wunsch der Hausherren, ihr Schlafzimmer an die Vorderfront des Hauses, die Straßenseite, zu verlegen. Dadurch befindet sich der Wohnbereich nun an der Hausrückseite und öffnet sich zum Garten. Eine Stahlstütze trägt die Rückwand des viergeschossigen Gebäudes, hinter der sich der erweiterte Trakt erstreckt.

∧ Auch wenn die Platzierung des Schlafzimmers an der Eingangsseite ungewöhnlich erscheinen mag, hat das zum Garten hin angeordnete Wohn- und Esszimmer dem Innenbereich insgesamt mehr Raum beschert.

∧∧ Das abgehängte Deckenpaneel definiert den Küchenbereich und nimmt Beleuchtung und Technik auf.

∧ Am neuen Eingang setzt eine geätzte Glasplatte das Schlafzimmer der Hausherren vom Durchgangsbereich ab. Die Decke korrespondiert mit der diagonalen Wandtafel, die sich von vorne bis hinten durch den Erdgeschossraum zieht und die privaten Räume (Schlaf-, Arbeits- und Badezimmer) von den anderen Bereichen (Windfang, Diele, Flur, Küche, Wohnen/Essen) abtrennt.

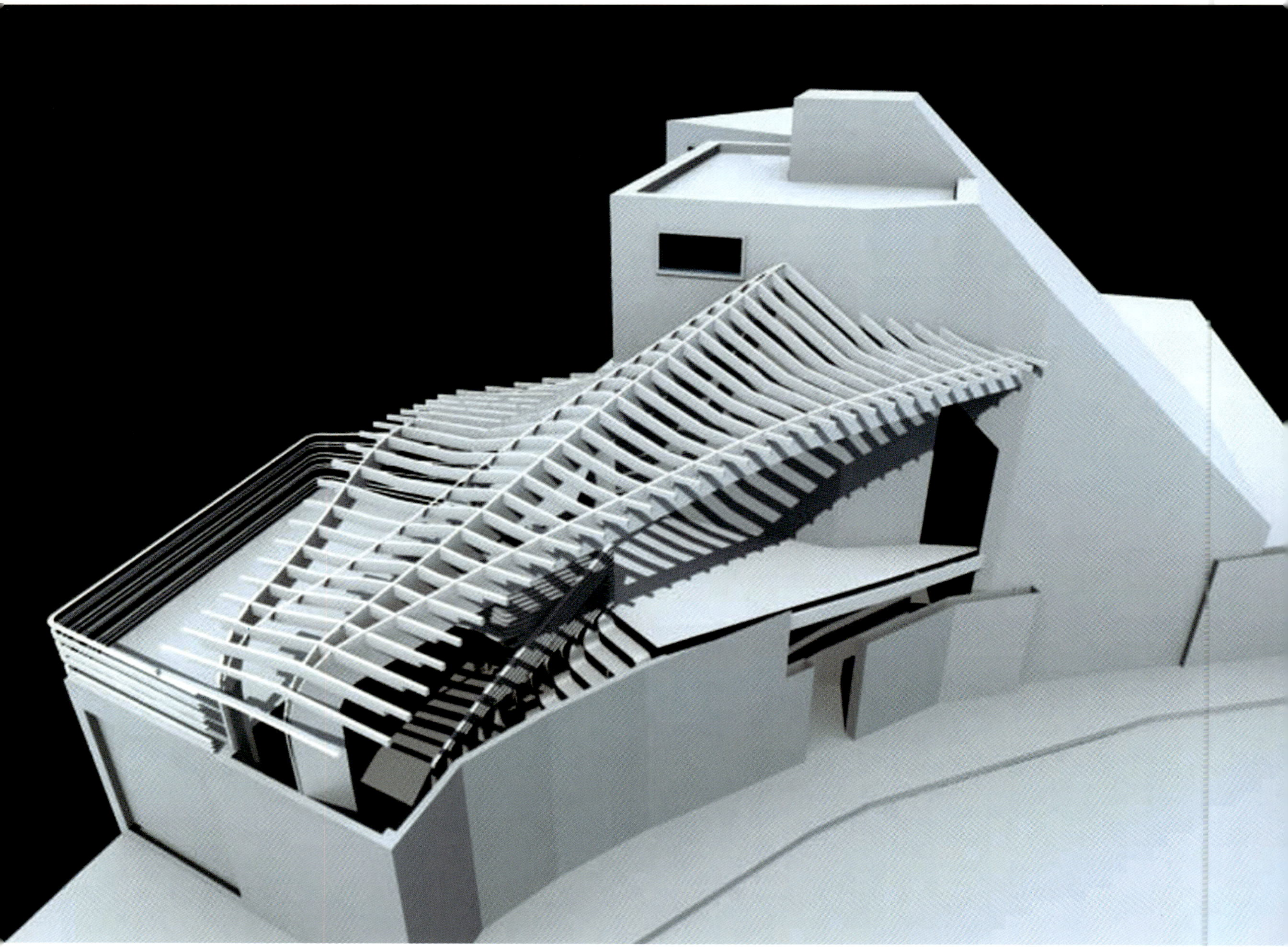

**∧ Haus aus der späten Moderne, London**
Der Umbau und die Erweiterung dieses Hauses aus den siebziger Jahren des vergangenen Jahrhunderts auf einem stark abschüssigen Gelände forderten dem Londoner Architekturbüro oceanD eine bemerkenswerte Neugestaltung ab. Die geschwungene, rückgratähnliche Konstruktion fungiert als Strebewerk und spiegelt das hügelige Gelände wider. Im ersten Obergeschoss formt die Erweiterung eine Brücke zu einem neuen Zwischengeschoss über der bestehenden Garage, die ebenfalls eine Umnutzung erfahren wird. Zwischengeschoss und Brücke dienen den Kindern als offene Spielflächen.

∧ Das neue Nebengebäude enthält Gänge mit Blick auf den vorhandenen dreigeschossigen Wohnbereich. Eine aus Kohlefaser gefertigte integrierte Treppe und eine Brüstung verbinden die Erdgeschossebene mit dem geneigten Zwischengeschoss. Die fließenden Formen der Treppe setzen sich in den Wänden fort und schaffen unterschiedliche Fensteröffnungen, die eine interaktive Beleuchtung zusätzlich hervorheben soll.

**> Haus aus den 1930er Jahren, London**
Regelrecht spürbar ist die Freude an den verwendeten Materialien bei diesem rückwärtigen Anbau an eine Doppelhaushälfte, bei der alter Ziegelstein durch Holz ergänzt wird. Die mit Zedernholz verkleidete Konstruktion von Sanya Polescuk liegt leicht erhöht – etwa anderthalb Meter über Gartenniveau, so dass der Innenbereich von den alten Räumen fließend in das neue Zimmer übergeht. Getragen wird die Erweiterung von einem fast unsichtbaren, zurückgesetzten Mauersockel. Bei Dunkelheit scheint der Bau leicht über dem Boden zu schweben.

**⩔ Haus aus dem 19. Jahrhundert, London** (folgende Doppelseite)
Drinnen im Freien: Eine einfache Ergänzung an der Rückseite eines Reihenhauses mit vollständig zu öffnenden rückwärtigen Glastüren macht den Garten zu einem Teil des Wohnbereichs. Der Raumgewinn, den Architekt Wilkinson King schuf, umfasst nicht nur den neuen Innenbereich, sondern auch den Garten, der nun mühelos zugänglich ist und den Gesamteindruck im Innern mitbestimmt.

∧ Die auskragenden Fenster verbinden den neuen Raum mit dem Garten dahinter.

> In der neuen Wohnküche setzte der Architekt Sperrholz für Wände, Boden und Decke ein, um die Kosten zu minimieren und einen sehr robusten und einheitlichen Wohnbereich zu schaffen.

# Villa bei Eindhoven
Niederlande
One Architecture

∧ Ein von der Moderne inspirierter Glaspavillon, der an eine Villa bei Eindhoven angebaut wurde, stellt die Verbindung zur umgebenden Landschaft her, an der es dem ursprünglichen Haus fehlte. Bewusst kontrastiert die Erweiterung mit dem Stil des existierenden Hauses, da die Bewohner die Aufmerksamkeit auf den Garten und den Wald lenken wollten.

> Der sparsam eingerichtete Innenraum orientiert sich wie auch der Anbau selbst an Mies van der Rohe.

Grundriss
Erdgeschoss

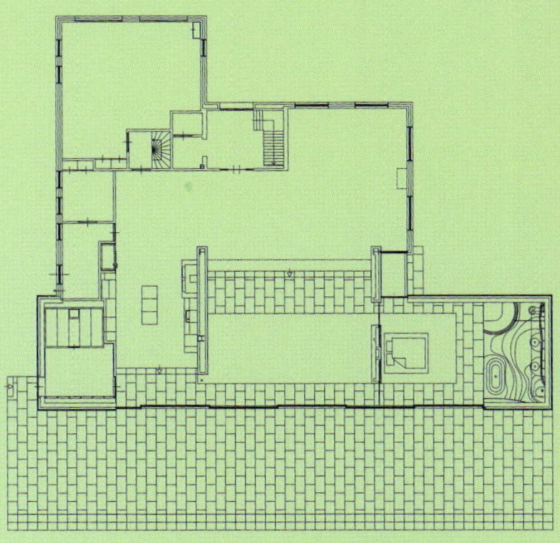

Querschnitt

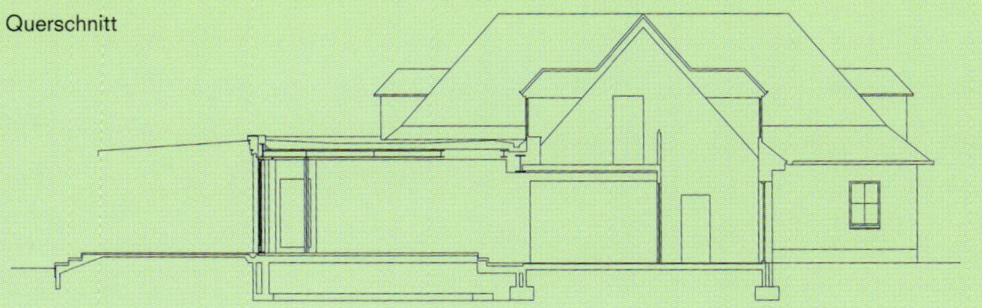

> Während der offene Wohnbereich in Weiß schwelgt, ist ein eher privater, abgeschlossener Raum mit Holz verkleidet. Dadurch wirkt er behaglicher und intimer als die weitläufigen gemeinschaftlichen Flächen. Ein in die Decke eingelassenes Oberlicht verhindert ein Gefühl von Dunkelheit und Eingeschlossensein.

v Die glatte Granitterrasse führt zur Rasenfläche und zum (nicht abgebildeten) Swimmingpool. Das Gesims aus rostfreiem Stahl oberhalb der Fenster enthält eine fünf Meter lange ausfahrbare Markise, Heiz- und Insektenabwehrsysteme sowie Beleuchtungskörper.

Ein französisches Schloss trifft auf einen Pavillon von Mies van der Rohe. Ohne Frage ändert sich der Geschmack, selbst im Hinblick auf den Stil des Hauses, in dem man leben möchte. Für jemanden, dessen Liebe zu Frankreich Anfang der achtziger Jahre zum Bau eines Hauses im Stil eines französischen Schlosses inspirierte, mag rund fünfzehn Jahre später der Sprung zu der einzigartigen Moderne Mies van der Rohes ebenso überraschend gewesen sein wie für die Architekten. Doch niemals bestanden Zweifel daran, dass das Ergebnis bemerkenswert sein würde. Nachdem der Bauherr den größten Teil der ausgedehnten Wälder im Umkreis seines Hauses in den Niederlanden erworben hatte, glaubte er, dass die sich nach außen hin verschlossen gebende Villa nicht mehr zum Lebensstil der Familie passte. Er beauftragte daraufhin das holländische Team One Architecture mit einem Bau, der den Bezug zwischen innen und außen betonen sollte. Die Architekten zeigten ihm als Anregung mehrere Villen, von denen Mies van der Rohes Farnsworth House sein Interesse fand. Eine Verknüpfung zwischen dem mittelalterlichen, romantischen Stil des Haupthauses und dem Wunsch nach einer zeitgemäßeren, das natürliche Umfeld einbeziehenden Gestaltung erschien zunächst unmöglich. Doch die Entscheidung für den offenen Lebensstil eines Entwurfs der Moderne half, die Kluft zu überbrücken.

Inzwischen erscheint das rot gedeckte Walmdach, das sich über einem eleganten horizontalen Riegel aus Granit, Stahl und Glas erhebt, zwar ungewöhnlich, aber auch logisch. Denn der auf das Innere ausgerichtete Bau entwickelt sich weiter zu dem eher nach außen orientierten Stil des gläsernen Anbaus. Der offene Grundriss der Erweiterung fungiert als geschützter Übergang vom Haus zum Garten sowie zum Swimmingpool und leitet den Blick durch die ausgedehnte Fensterwand auf das Grün dahinter. Eine großzügige Terrasse setzt die Fluchtlinien der Ergänzung fort, markiert aber auch die letzte Stufe zum Garten und die erste vom Freien ins Haus. Daneben bietet die Terrasse reichlich Platz für Außenveranstaltungen und Familientreffen – ein wesentlicher Punkt des Auftrags.

Da der Garten und der Swimmingpool durch die Glaswand deutlich sichtbar sind, ist die gewünschte Einbeziehung der äußeren Umgebung in den inneren Wohnbereich geschaffen. Die Palette der Moderne, zu der möglichst wenig Farbe und Beiwerk gehören, richtet die Aufmerksamkeit ins Freie. Weiß und Schwarz finden einen Ausgleich in den Grün- und Blautönen draußen. Wenn bei Dunkelheit der Garten keine Farbe mehr liefert, lassen sich auffällige rote und blaue Flächenvorhänge vorziehen, die einen leuchtenden Farbtupfer setzen und den Raum niemals kalt oder steril wirken lassen.

Die Materialien sind durchdacht und systematisch eingesetzt. Der graugrüne Granit korrespondiert sowohl mit der Landschaft als auch mit der kühlen Textur der Moderne.

∧ Ausgedehnte Glasflächen vermitteln eine Atmosphäre von Großzügigkeit und Luxus. Bei Dunkelheit erzeugt die Beleuchtung im exponierten Innenraum eine Aufsehen erregende Wirkung.

∧ Alternativ gewähren auffällig getönte Flächenvorhänge Privatheit und bringen zugleich Farbe in den neutralen Innenraum.

# Versetzt angeordnete Räume

**< Bungalow, Calgary, Kanada**
Architekt Richard Davignon fügte der Rückseite eines bescheidenen Hauses ein kühles, modernes Gartenzimmer an, um einen Außenbereich zu nutzen, der nur etwa drei Monate im Jahr einen behaglichen Aufenthalt bot. Eine geräumige Küche mit übergroßen vertikalen Fenstern zum Gartenhof sowie ein großzügiger Wohnbereich sorgen für eine insgesamt bessere Ausnutzung des Innenraumes und gleichzeitig mehr natürliches Licht, um dunklen Wintertagen zu trotzen. Der neu geschaffene Raum springt ein wenig in den Garten vor und macht den Außenbereich attraktiver.

**> Londoner Stadthaus**
Transparenz herrscht überall in dieser kubischen Erweiterung. In den vom Architekturbüro Wilkinson King entworfenen weitläufigen neuen Räumen erfasst das Auge stets ein Stück Himmel oder Grün – sei es durch die riesigen Scheiben der Glaswände, die Decke oder das mehr umschlossene Oberlicht. An einem Ort, an dem Licht hoch im Kurs steht und die Außenbereiche nicht ganzjährig nutzbar sind, verstärken großzügige Verglasungen die Wirkung des Gartens.

<< Überdimensionierte, vollständig zu öffnende Türen unterstreichen die Beziehung zwischen Innen- und Außenräumen und schaffen einfache, fließende Übergänge.

< Die Räume sind versetzt um kleine, gekonnt gestaltete Freiflächen angeordnet und wecken so ein größeres Interesse an dem Garten, auch wenn sie den Bereich im Freien belegen. Der einladende, geschützte und eher privat wirkende Hofraum ist ein idealer Außenraum für besondere Pflanzen oder Skulpturen.

< **Landhaus mit Stülpschalung, bei Los Angeles**
In den grünen Hügeln oberhalb von Los Angeles sanierte das Architekturbüro Marmol Radziner ein 102 Quadratmeter großes Landhaus von 1923 und ergänzte es um 307 Quadratmeter. Die für den Erhalt und die Restaurierung von Bauten bekannten Architekten bewahrten die grün gestrichene Stülpschalung, so dass sich die Erweiterung außen kaum von dem ursprünglichen Gebäude unterscheidet.

∧ Die Innenräume des Hauses wurden modernisiert und offener gestaltet, wobei die rustikalen Elemente des Landhauses wie die offenen Balken, ein wuchtiger Kamin und ein Kaminvorsprung bestehen blieben.

∧ Den Architekten zufolge »ruht das neue Schlafzimmer der Hausherren wie ein Baumhaus« auf dem Abhang, der in den Entwurf des Hauses einbezogen wurde. Das Schlafzimmer ist von den Hauptwohnbereichen über eine mit Stahl verkleidete Brücke zu erreichen.

> Auch der neue Innenhof vermittelt zwischen dem Haus und dem abschüssigen Gelände. Unter großen Anstrengungen konnten die Architekten die Eiche in der Mitte erhalten. Dies gilt auch für die Stilelemente der Stülpschalung und das mit Schindeln gedeckte Satteldach, das sich in die üppige Vegetation des Grundstücks harmonisch einfügt.

# Tall Acres
# Pittsford, New York
# Studio For Architecture

> In Material und Form unterscheidet sich der Erweiterungsbau deutlich von dem Wohnhaus aus den siebziger Jahren. Gleichzeitig sorgt er für ausgewogene Räumlichkeiten und bietet Raum für eine geschützte Veranda.

Längsschnitt

Ansicht

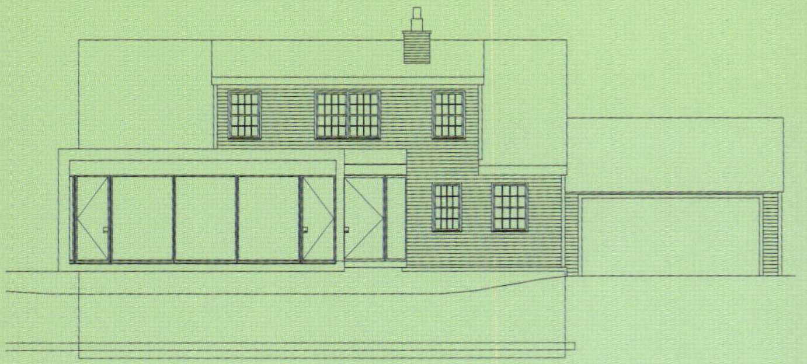

<< Ein poliertes, schwarzes Betongehäuse umschließt einen Würfel aus Glas und Metall, ein moderner lichtdurchfluteter Anbau an ein Haus im Kolonialstil. Gegossene Betonplatten auf dem Boden sowie an Wänden und Decke bilden eine Veranda. Licht und Luft können ungehindert durch die Öffnungen strömen.

< Die auf zwei parallele Grundmauern gesetzte Grundform ist in Holz gerahmt.

< Das während des Baus entstandene Foto zeigt, wie die neue Konstruktion in das Erdgeschoss des bestehenden Hauses gleitet.

< In der offenen Raumform des Anbaus sind die verschiedenen Bereiche eher durch Raumteiler als durch massive Mauern abgetrennt.

< An der Verbindungsstelle zwischen Anbau und vorhandener Konstruktion steigt die Decke an, um der Dachsilhouette des Hauses aus den siebziger Jahren zu folgen. In die bestehenden Dachgiebel eingefügte Fenster lassen das Licht gleichermaßen durch die neuen und alten Räume strömen.

**Optische Widersprüche prägen dieses Projekt: Ein nettes, weißes Kolonialhaus in Neuengland bekam eine dunkle, feste Masse aufgebürdet. Bei näherer Betrachtung jedoch schimmert eher die Transparenz der festen Form denn das eigentliche Alter des Kolonialhauses auf. Statt eines historischen Hauses mit Stülpschalung diente dem Architekten ein Stadtrandgebäude aus den siebziger Jahren mit Seitenverkleidungen aus Vinyl als Ausgangspunkt. Für den Anbau thematisierte er den Kontrast in Stil, Form und Materialien. Ironischerweise öffnet gerade die polierte schwarze Betonform, die in den Altbau gleitet, mit ihrer großzügigen Verglasung den gesamten Grundriss. In ihrer Masse sah der Architekt ein Gegengewicht zu dem bestehenden Haus, was sie angesichts ihres Gewichts von 75 Tonnen wohl auch ist. Doch löst sie auch eine Diskussion aus über die Bedeutung von alt und neu, von organisch und künstlich.**

**Der Betonanbau ruht auf zwei bestehenden parallelen Grundmauern und kragt in das Haus und aus dem Haus vor. Dabei gleicht er das Gewicht, die Farbe, die Konstruktion und die allgemeine »Unvergänglichkeit des Hauses« aus, so das Studio For Architecture. Spielerisch negieren die Architekten das Gewicht des Anbaus, indem sie ihn auf die Oberseite der Betonriegel aufsetzen. Seite an Seite mit dem scheinbar leichtgewichtigen ursprünglichen Haus scheint er dadurch über dem Grund zu schweben. Die Wohnräume unter dem Walmdach des Altbaus wurden mit plastisch gestalteten Raumteilern und Oberlichtern modernisiert. Zweifellos führen die großformatigen, durchgehenden Fenster sowohl im angebauten als auch im alten Haus zu einer offeneren und lichteren Atmosphäre. Die Architekten achteten auf die Umsetzung des Konzepts heller und plastischer Räume. Im Altbau wurden die Decken bis zum A-Rahmen geöffnet und im Giebel Verglasungen eingesetzt, wodurch mehr natürliches Licht einfällt, ohne dass die Dachsilhouette beeinflusst wird. Auf diese Weise wurden die Innenräume des neuen und des bestehenden Traktes vereinheitlicht. Innen entsteht beim Übergang von alt zu neu keine Disharmonie, sondern der Eindruck eines durchgängig fließenden, hellen und luftigen Wohnbereichs. Draußen bilden der Betonunterbau, die Wände und das Dach eine weitläufige, rechteckige Veranda mit offenen Spalten an den Seiten und oben, die – wie die meisten Entwurfsdetails – die überaus wichtige Zirkulation von Licht und Luft gewährleisten.**

**> Viktorianisches Reihenhaus, London**
Was als einfache rückseitige Erweiterung begann, endete mit einer Reihe innovativer Glasanbauten. Im Erdgeschoss weist ein angefügter Raum eine verglaste Stirnwand auf. Zusätzlich bringt ihn ein halbtransparentes, auch als Terrasse dienendes Dach zur Geltung. Eine Tür führt vom Obergeschoss zu diesem ungewöhnlichen Außenbereich, über eine geradläufige Treppe ist der Garten zu erreichen. Auf der linken Seite plante das Londoner Büro M3 Architects die Erweiterung mit doppelter Raumhöhe, damit noch mehr Licht in das innere Treppenhaus gelangt. Da sich der Bauherr auch zu einer Erweiterung des Daches entschlossen hatte, konzipierten die Architekten innerhalb der Brüstungsmauer ein Volumen, das nicht über die Dachlinie der Nachbarhäuser hinausgeht. Diese Konstruktion ist in voller Breite und Höhe verglast, um das neue Geschoss auf dem Dach natürlich zu belichten.

>> Aus gehärtetem Glas besteht nicht nur der strahlend helle Terrassenboden, sondern auch das Dach des Anbaus im Erdgeschoss.

∧ Die Küche führt zum Anbau mit dem neuen Wohnbereich.

< Mit einem Wechselspiel von transparenten Flächen und Licht schafft die Erweiterung des Erdgeschosses einen ruhigen Ort, der zum Entspannen einlädt.

∧ **Haus im Naturschutzgebiet, London**
Für eine junge Familie versahen M3 Architects einen ungenutzten Abstellraum im Freien mit einem Glasdach. Damit vergrößerten sie die Küche und setzten das gesamte Haus in eine Beziehung zum Garten. Durch große Oberlichtfenster fällt Licht in die Küche, von dort gelangt es in die anderen Innenräume.

> Die Lage des Hauses in einem Naturschutzgebiet erforderte die Einhaltung strenger Bauvorschriften, damit die Abmessungen der Erweiterung den Proportionen des Hauses entsprechen. Dennoch wirkt der Anbau dank der hohen Transparenz wesentlich größer, als er in Wirklichkeit ist.

∧ Um den Gartenraum optimal auszunutzen, überspannten die Architekten die Fläche zwischen Gartenmauer und Haus mit einem Glasdach, das den Küchen-/Essbereich vergrößert und viel Licht in den übrigen Teil des Erdgeschosses bringt.

< Die Glaskonstruktion greift subtil in die Außengestaltung des Hauses ein und fügt sich dabei in seine Form ein. Dennoch schafft sie mehr Raum, als von außen erkennbar ist.

∧ Selbst die weiter innen liegenden Räume profitieren von dem rückseitigen Glasanbau.

**> Villa aus den dreißiger Jahren, Französische Riviera**
Als sei nicht bereits der Aufenthalt an der Französischen Riviera Luxus genug, schafft dieser Anbau an der Rückseite einer Villa ein höchst exquisites Refugium. Der flache Betonbau von Rudy Ricciotti verfügt über eine komplett verglaste Front mit Aussicht auf den Pool, der sich parallel und fast nahtlos anschließt. Sein äußerer Rand reicht gefährlich nahe an eine Felsklippe. Der Fußboden im Wohnbereich, die Terrasse und das Blau des Poolwassers ergeben eine Fläche ohne sichtbare Unterbrechungen.

>> Weißer Beton harmoniert mit dem Stein und der Vegetation. Das überstehende Dach spendet Schatten und vermittelt ein Gefühl der Zurückgezogenheit.

∧ Eichen, Zypressen sowie andere Bäume und Sträucher machen den Pavillon und den Pool trotz ihrer Offenheit zu einem privaten Rückzugsort. Der Anbau wurde mit einem Dachgarten versehen, so dass seine Lage am Abhang an eine Höhle erinnert.

> Haus, Terrasse und Pool gewähren einen überwältigenden Blick auf das Mittelmeer. Dennoch sind diese weiten Räume abgeschieden und geschützt. Ungehindert fließt das Wasser des Pools über seinen Rand auf den Steilhang. Um alles andere aufzufangen, haben die Bewohner darunter Netze angebracht.

**< Landwirtschaftliches Gebäude, County Cork, Irland**

In einem Klima, welches das Schwimmen im Freien (einigermaßen behaglich) nur wenige Monate im Jahr gestattet, ist eine Umbauung unerlässlich. Doch fast nie gelingt dies so anmutig und schön wie mit diesem Anbau. Das Architekturbüro Springett Mackay entwarf mehr als nur ein geschütztes Schwimmbecken. Es schuf einen Raum, der durch das Licht aus verschiedenen Bogenöffnungen und die verschwommenen Reflexionen von der Wasseroberfläche ein wenig vergeistigt anmutet. Das Schwimmbad befindet sich im alten Stallgebäude, das vor dem Einbau des Beckens entkernt und neu gedeckt wurde. Die Wandöffnungen lassen die ursprüngliche Form der Ställe erkennen.

∧ Entlang des Schwimmbads verläuft ein verglaster Gang mit einem Bodenbelag aus irischem blauen Kalkstein. So entsteht hinter dem Pool, eine geschützte Wandelgalerie.

∧ Durch die Galerie ist der ursprünglich für das Stallgebäude verwendete Stein zu erkennen.

# Harris Pool House
## Palm Springs, Kalifornien
## Marmol Radziner

> Die Wände des fast völlig transparenten Poolhauses lassen sich gänzlich öffnen. Sie erlauben einen Blick durch die Innenräume, über den Pool und zu dem von Richard Neutra entworfenen Haus, das ebenfalls von den Architekten renoviert wurde.

∧ Das Haus scheint keine Wände zu besitzen. Die großen, ausgedehnten Fensteröffnungen korrespondieren mit den breiten Dachüberständen sowie der Pflasterung und lassen ein Gefühl von Freiheit und Großzügigkeit aufkommen.

> Der flache horizontale Entwurf passt ausgezeichnet in die Wüstenlandschaft, in der die natürliche Vegetation niedrig und Schatten spendende Bäume selten sind.

**1998 erhielt das Architekturbüro Marmol Radziner den Auftrag zur Renovierung eines Klassikers der kalifornischen Moderne: Haus Kaufmann aus dem Jahre 1946, das der Pionier der amerikanischen Moderne, Richard Neutra, entworfen hat. Während der Instandsetzung wurde der Auftrag um ein Poolhaus für Gäste erweitert, das auch einen Teil der nicht im Haupthaus untergebrachten Freizeiteinrichtungen der Familie aufnehmen sollte. Dazu gehörten ein hochmodernes Audiosystem, ein Fitnessraum mit Sauna und eine komplett eingerichtete Küche.
Die Besonderheit an Neutras Bau ist seine Betonung der Beziehung zwischen innen und außen. Die Architekten versuchten nicht, die Details des ursprünglichen Hauses nachzubilden, achteten aber darauf, dass sich der Anbau zum natürlichen Umfeld möglichst weit öffnete. Da das Haus in der südkalifornischen Wüste liegt, bereitete dies keine erwähnenswerten Probleme. Ausgesprochen bemerkenswert aber ist der erzielte Grad an Offenheit. Die Wände lassen sich vollständig öffnen, so dass die Wüstenbrise ungehindert durch die Innenräume wehen kann. Allerdings durchdringen das Haus nicht nur der warme Wind oder die kühle Nachtluft. Wie die Architekten erläutern, »geht der Blick regelrecht durch die Konstruktion« über den Pool und die einheimischen Pflanzen auf das unlängst renovierte Meisterstück der Moderne. Die Glastüren und der offene Grundriss des Poolhauses unterstützen den Wechsel zwischen drinnen und draußen. Außerdem bietet sich vom neuen Poolhaus eine phantastischen Aussicht auf das ursprüngliche Gebäude.**

**Das Poolhaus versteht sich nicht als Rekonstruktion eines Entwurfs von Richard Neutra; vielmehr entspringen alle Elemente dem Skizzenbuch der Moderne – der weite offene Eindruck, die flache, horizontale Anlage und die großzügigen, schützenden Dachüberstände. Sie sind auch dem heißen Klima angemessen, in dem Schatten und ein ungehinderter Luftaustausch für die Behaglichkeit wesentlich sind. Der Umstand, dass diese Elemente außerdem zu einer Konstruktion von kühler Eleganz führen, ist sicher Grundlage für die neuerliche Wertschätzung einer von der Moderne inspirierten Gestaltung.**

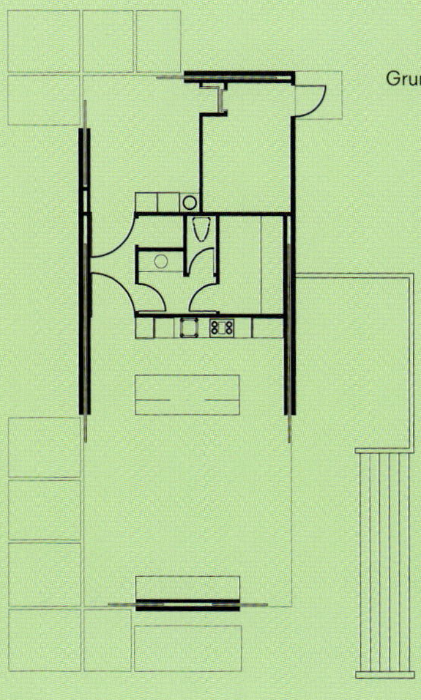

Grundriss

< Zwar ist der Pool von einer Pflasterung umgeben, doch sollen möglichst viele einheimische Pflanzen eine üppige Oase in der Wüste entstehen lassen.

v Zwischen dem scheinbar isolierten Poolhaus und dem Haupthaus bestehen sehr bewusste Blickbeziehungen. Dadurch wirkt der Poolbereich lebendiger und wie ein Teil des Gesamtentwurfs.

**< Haus aus den fünfziger Jahren im französischen Stil, Belgien**
Bei dieser Erweiterung schuf Architekt Vincent Van Duysen einen frei stehenden Gartenpavillon mit Platz zum Kochen und Essen – ideal für das gesellige Beisammensein im Freien.

v Streng geometrisch und schmucklos signalisiert das Poolhaus eine deutliche Abkehr vom Haupthaus, eine »spannende Konfrontation«, so der Architekt. Die anthrazitfarbene Wand trennt Haus, Garten und Pool von den angrenzenden Nebengebäuden.

SEITLICH

Eine seitliche Erweiterung unterscheidet sich nicht grundsätzlich von einem Anbau hinter dem Haus. Allerdings kann sie einen wesentlich größeren Umbau erforderlich machen, da unter Umständen die notwendigen Öffnungen zu einem Garten oder einer Terrasse für einen seitlichen Annex erst noch vorzunehmen sind. Manchmal dient eine seitliche Erweiterung dazu, das Haus insgesamt zu vergrößern. Die hier vorgestellten seitlichen Anbauten nutzen den Raum zwischen einem vorhandenen Haus und einer benachbarten Garage oder einem anderen Nebengebäude aus oder schaffen eine logische Erweiterung vom Haus zur Grundstücksgrenze. Gartenräume – von denen mehrere im vorangegangenen Kapitel gezeigt wurden – lassen sich manchmal leichter seitlich vom Haus ergänzen, vor allem in einer ländlichen oder vorstädtischen Umgebung, in der die Grundstücke größer sind. Bei einem Haus von historischem Interesse oder Wert kann so die rückwärtige Fassade erhalten bleiben. Seitliche Erweiterungen in Längsrichtung wie etwa eine Sonnenveranda oder ein verglaster Korridor können auch Räume miteinander verbinden.

### Öffnungen zur Seite

Es scheint als würde man etwas bedecken, um es zu öffnen. Doch das horizontale, mehr Helligkeit bringende Erweitern ist keineswegs so unlogisch wie es klingt, da Materialien und Lichtquellen eine Hauptrolle spielen. So profitiert ein traditionelles Holzhaus in Japan von einer neuen Sonnenveranda und einer Erschließungsfläche (siehe Seite 124). Diese sind der gesamten Gebäudelängsseite vorgesetzt und sorgen mit fortlaufenden Oberlichtern und Glasplatten für zusätzlichen Schutz und Licht. In Österreich verschönerte der Architekt Hans Gangoly ein Bauernhaus, das um einen Mittelhof angeordnet ist und von drei Generationen einer Familie bewohnt wird (siehe Seite 126). Ein weitläufiger verglaster Wohnbereich verbindet nun die zuvor getrennten Räume und bietet eine zeitgemäßere Art von Transparenz und offenem Wohnen.

### Dazwischen

Beim Umbau von alten landwirtschaftlichen Gebäuden können die zwischen vorhandenen Bauten eingefügten Räume sehr geeignet sein, um einen bei ländlichen Wohnhäusern seltenen, aber sehr begehrten offenen Wohnraum zu erhalten. Obwohl das Verbinden separater Häuser aus der selben Zeit mit einem Neubau aus modernen Materialien heikel ist, haben die Architekten Labics in einer dörflichen Gegend nördlich von Rom genau das getan. Für eine Großfamilie, die den Wunsch nach einem großzügigen Rückzugsort hatte, realisierten sie den sehr gelungenen Umbau eines Bauernhauses, das in den dreißiger Jahren im Rahmen eines Projekts zur Gewinnung von Marschland errichtet worden war. Dabei setzten sie einen eleganten Glasbehälter ein, in dem sie Platz für die Familie und Wochenendgäste schufen. Die privaten Bereiche beidseits der älteren Gebäudeteile blieben dabei erhalten (siehe Seite 136). Die norwegischen Architekten Jarmund Vigsnæs (JVA) vollbrachten mit einem alten Stallgebäude aus Stein und Lehm auf Mallorca ein ähnliches Wunderwerk. Sie fügten dem Gebäude Räume sowohl an als auch ein und hoben durch einen lang gestreckten, rechteckigen Swimmingpool in einer verschwenderisch großen Terrasse seinen linearen Charakter hervor (siehe Seite 130). Da die verwendeten Materialien auf jene des Originalbaus abgestimmt sind, erscheint die niedrige Reihe von Räumen wie ein nahtloses Ganzes.

In einem Vorort von Stuttgart setzte das deutsche Architekturbüro Neugebauer + Rösch einen hellen, modernen Wohnbereich unmittelbar an ein Haus aus den zwanziger Jahren. Im traditionellen Stil gehalten und ziemlich gesichtslos, bot dieses wenig Nachahmenswertes. Zunächst war der Umbau des Haupthauses vorgesehen, anschließend eine entschieden moderne, baukastenähnliche seitliche Erweiterung. Der Anbau sollte sich vom Carport zum Hausinneren logisch entwickeln und dabei einen lästigen, ungeschützten Übergang von außen nach innen eliminieren. Obwohl das neue Gebäude stilistisch einen Kontrast zu dem durchschnittlichen Vorstadthaus darstellt, harmoniert es im Maßstab und stellt insgesamt eine wohltuende Ergänzung dar.

### Nach oben und unten

Es ist ein ehrgeiziges Projekt, wenn ein Gebäude um mehr als ein Geschoss erweitert wird. Ist aber ein seitlicher Anbau geplant, der das bestehende Obergeschoss überragt und daher von der Straße aus gut sichtbar ist, ergeben sich Fragen zum Stil und dem letztendlich von Bauvorschriften auferlegten Erscheinungsbild. Die hier vorgestellten ausnahmslos experimentierfreudigen Projekte unterscheiden sich deutlich vom Baubestand und präsentieren ihre innovative Kraft mit unverhohlenem Stolz. Sie alle erforschen und propagieren neue Formen und Materialien – vom Holzklotz, mit dem das Büro Archifactory ein Vorstadthaus in Deutschland um eine komplett neue Wohnung ergänzte (siehe Seite 146) bis zu dem kubistisch inspirierten zweigeschossigen Erweiterungsbau an ein australisches Haus von Stephen Varady und den bausteinartigen Flächen einer neuen Außengestaltung von Drewes + Strenge (siehe Seite 150). Gewiss streben diese Projekte keine Verschmelzung mit dem vorhandenen Gebäude an. Vielmehr wollen sie sich hervortun und dennoch ein gewisses Gleichgewicht und eine Harmonie bewahren.

### Wintergärten

Glas und Stein – widerstrebende Kräfte oder gegenseitige Förderer? Rustikalen, stabilen Landhäusern angebaute gläserne Körper bringen einen Hauch Moderne, ohne den traditionellen Stil der älteren Bauten zu beeinträchtigen. Auch kann Glas weniger aufdringlich wirken, so dass das bestehende Haus im neuen Entwurf sichtbar und präsent bleibt. Ein Glasdach auf der Gartenmauer neben einem alten Landhaus aus Naturstein schafft etwas radikal Neues, übernimmt aber auch etwas aus der Vergangenheit Vertrautes. Wohl jeder hat schon einmal eine Orangerie oder einen Wintergarten aus dem achtzehnten oder neunzehnten Jahrhundert besucht, die zur Unterbringung exotischer Pflanzenarten in einem raueren Klima entstanden. Zumindest in England, wo zwei der Projekte angesiedelt sind, ist diese Tradition weit verbreitet. Allerdings zeigt sich die aktuelle Form linearer, weniger ornamental und in gewisser Weise gewagter. Sei es hinter oder an der Seite eines Hauses, eine ergänzte, von Glas umschlossene Terrasse eignet sich ideal für Gartenpartys oder für die Familie – sowohl bei unfreundlichem Wetter als auch an schönen Tagen. Paul Archers Glasdachkonstruktion (siehe Seite 156) mit einer nahtlosen transparenten Decke wurde für den Direktor eines Glasherstellers gebaut, der neue Techniken der Klebeverglasung entwickelt. Da sie den Raum zwischen einem kleinen Landhaus aus dem siebzehnten Jahrhundert und einer jüngeren Steinmauer ausfüllt, repräsentiert sie die Zusammenführung alter und moderner Bautechniken. Ebenso betont der Glasanbau, der von Deborah Saunt und David Hills neben einem aus dem neunzehnten Jahrhundert stammenden Landhaus aus Ziegelstein errichtet wurde, den Charakter beider Materialien. Er stellt die gewünschte Verbindung zwischen dem dunklen traditionellen Inneren und dem Außenraum her (siehe Seite 164). Im Gegensatz dazu wählen die deutschen Architekten and8 für einen seitlichen Anbau mit Kinderzimmern die wohligen Eigenschaften von Holz. Den Übergang vom Alt- zum Neubau führen sie jedoch in Glas aus (siehe Seite 160). Der vermittelnde Wintergarten bringt eine Fülle natürlichen Lichts, während die Holzverkleidung die Wärme und das freundliche Willkommen einer Zufluchtsstätte signalisiert.

**∧ Moth House, Präfektur Nagano, Japan**
Ein Haus in einem Waldgebiet Zentraljapans wurde an der Seite um eine längliche Veranda ergänzt. Den Architekten vom Atelier Bow-Wow war bei diesem Projekt insbesondere an Helligkeit und Transparenz gelegen.

∧ Das dunkle Holz der bestehenden Konstruktion kontrastiert mit dem weiß gestrichenen Holz des Anbaus. Durch das transparente Dach, die offene Holzlattenkonstruktion und eine Reihe von Schiebetüren sickert sanftes, von Schatten durchbrochenes Sonnenlicht ein.

**<< Bauernhaus, Burgenland, Österreich**
Ein kleines Bauernhaus aus dem neunzehnten Jahrhundert wurde durch den Glasanbau mit integriertem Wohn- und Eingangsbereich von Hans Gangoly modernisiert.

< Glaswände und das lange, schmale Oberlicht illuminieren den neuen Wohnraum und schaffen, wie der Architekt formuliert, einen »weichen« Übergang »ohne starke Kontraste« zwischen Innen- und Außenbereichen.

∧ Mithilfe des Glasanbaus, der sich entlang einem der vier Flügel des Hauses erstreckt, lassen sich drei Generationen unterbringen. Die Großeltern bewohnen Räume auf der gegenüberliegenden Hausseite.

∧ Der neue, von Glasflächen umschlossene Eingang schützt beim Betreten des Hauses vor Wind und Wetter. Dennoch gestatten Wände und Decken Ausblicke.

> Durch ihren traditionellen Kachelofen in der Mitte ist die ursprüngliche Küche des Bauernhauses nahtlos mit dem neuen verglasten Wohnraum verbunden.

**> Ländliche Nebengebäude, Mallorca**

Indem auf beiden Seiten der bestehenden Bauten ein Swimmingpool sowie einige Räumlichkeiten angefügt wurden, entstand aus einem ehemaligen Ochsenschuppen und anderen Nebengebäuden ein luxuriöses Feriendomizil. Stein und Holz harmonieren mit dem Stil der alten Gebäude und der Nachbarbebauung.

∧ Trotz seines ländlichen Ursprungs ist das Haus innen sehr hochwertig ausgestattet.

> Das norwegische Architekturbüro Jarmund Vigsnæs verwandelte die im Verfall begriffenen Gebäude mit einfach angeordneten Formen und Materialien in ein exquisites Refugium.

v An warmen Sommerabenden lädt die großzügige Terrasse aus Kalkstein zum Verweilen ein.

> In den natürlichen terrassenartigen Abhang wurden neue Räume eingeschnitten, die Ausblicke auf das Tal im Landesinnern Mallorcas gewähren.

# Podere 43
## Nördlich von Rom, Italien
## Labics

> Ein nördlich von Rom gelegenes Bauernhaus aus den dreißiger Jahren wurde um einen großen Anbau erweitert. Er enthält einen modernen Wohn- und Essbereich. Die Steinmauer rechts im Bild gehört zur ursprünglichen Scheune. Das von den Bauherren an Wochenenden und in den Ferien genutzte Haus sollte vor allem komfortabel sein, daher die sehr großzügigen Wohnräume.

< Ein Teil des Wohnraums ist als Wintergarten abgetrennt. Das durch die gläserne Wand und Decke einfallende Sonnenlicht wird durch eine Innenraumpergola gefiltert. Beim Fußbodenbelag wechselt sich Holz mit poliertem Beton ab.

Ansicht

Querschnitt

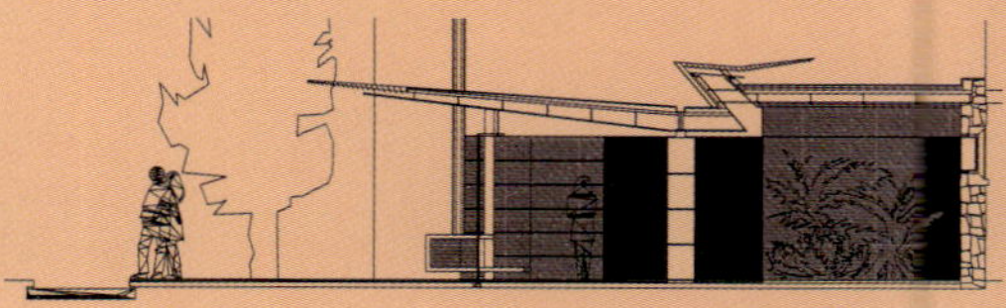

^ Die alte Scheune bildet nun den größeren Teil des neuen, offenen Wohnraums im Erdgeschoss, der in den Altbau übergeht. In dem ehemaligen Schuppen rechts befinden sich heute Gästeunterkünfte mit Kochnische.

**Das Bauernhaus entstand im Rahmen eines Projekts zur Gewinnung von Marschland in den dreißiger Jahren. Inzwischen ist es in einen modernen Rückzugsort für eine junge Familie umgewandelt worden, der ein Treffpunkt für die große Familie ein besonderes Anliegen war. Die Bewohner wünschten sich außerdem ein hohes Maß an Bequemlichkeit, so dass jeder Wohnkomfort vorhanden ist. Das römische Architekturbüro Labics renovierte zunächst das alte Hauptgebäude, wobei der Charakter der Innenräume gewahrt wurde. Anschließend wurden der Schuppen und die alte Scheune zu einem weitläufigen Wohnraum und Gästeunterkünften ausgebaut. Die lange, niedrige Steinmauer der Scheune verdeckt einen verglasten Erweiterungsbau, der zum Haupthaus vermittelt, während eine geschützte Veranda zu einem neuen Gästeflügel führt. Dadurch ist der Hauptwohnraum nicht nur größer und besser zugänglich, sondern auch deutlich von den Schlafräumen im Obergeschoss des Haupthauses abgesetzt. Die Gästeunterkünfte verfügen über ein eigenes Wohnzimmer mit einer kleinen**

**Küche, sind jedoch von den Hauptwohnbereichen nicht abgeschnitten. Das Erdgeschoss besteht fast gänzlich aus einer großen Begegnungs- und Erschließungsfläche. Glastüren führen zu dem von den Architekten als »Außenwohnraum« bezeichneten Bereich, einem makellosen Holzdeck mit einem ruhigen Wasserbecken in der Ecke. Das Haus ist von gepflegten Rasenflächen und Innenhöfen umgeben, die zur Nutzung der Außenräume ermuntern.**

**Das Haus – früher eines von vielen identischen, inzwischen veralteten Wohnhäusern, die von der italienischen Regierung errichtet wurden – hat nun einen einzigartigen, offenen und modernen Charakter. Es eignet sich für einen zeitgemäßen Lebensstil und ist doch im Ideal der Familie harmonisch verwurzelt.**

< Elegante, abgeschlossene Gästeunterkünfte bieten Privatsphäre und sind dennoch mit dem Hauptwohnbereich verbunden.

v Der Kamin des Wohnraums springt aus der Glaswand zum Wohnbereich im Freien vor. Hier sorgen ein Holzdeck und ein Wasserbecken in der Ecke für einen erholsamen, behaglichen Außenraum.

∧ **Wohnhaus aus den zwanziger Jahren, Biberach, Deutschland**
Die Architekten Neugebauer + Rösch bauten dieses Vorstadthaus für die Bedürfnisse einer vierköpfigen Familie um und erweiterten es. Dabei legten sie auch auf die Gestaltung von äußeren Details des ursprünglichen Hauses großen Wert, wie beispielsweise den Eingang mit seinen »tanzenden« Betonstufen.

∧ In den ungenutzten Raum zwischen Carport und Wohnhaus wurden im Erdgeschoss eine neue Küche und ein Esszimmer eingefügt. Die Lage des Hauses an einem Steilhang ermöglichte auf der Rückseite auch ein Untergeschoss.

< Eine Holzschalung hebt den Erweiterungsbau ebenso hervor wie die Metallhaut der Wand, die neben dem Satteldach des Hauses zu einer Brüstung aufsteigt. Während ein schmales Fenster an der Vorderseite für Privatsphäre sorgt, machen rückseitige Glastüren das Esszimmer zu einem hellen, lichtdurchfluteten Raum.

∧ Auf der Rückseite ist der volle Umfang der Erweiterung erkennbar. Im Erdgeschoss kamen ein Wohn-, Küchen- und Essbereich hinzu, während im Untergeschoss mehr Wohnraum entstand. Im ersten Obergeschoss befinden sich drei Schlafzimmer sowie Stauraum. Großflächig verglaste Türen und Fenster nutzen das natürliche Licht vollständig aus.

> Der Umbau der Architekten umfasste eine sehr ausgeklügelte Gestaltung der einzelnen Teile so etwa dieser Wendeltreppe aus poliertem Holz und Chrom. Da die Treppe zu den Seiten hin offen ist, kann sich das Licht zwischen den Geschossen ungehindert verteilen.

# Nach oben und unten

**∧ Haus aus den vierziger Jahren, Dortmund, Deutschland**
Eine umschlossene Terrasse ist eines der überraschendsten Merkmale der seitlichen Erweiterung eines Vorstadthauses durch das Büro Archifactory. Die hölzerne Konstruktion bietet sich geradezu als einladender Außenraum an.

<< Angeregt von den Arbeiten des amerikanischen Bildhauers Donald Judd formten die Architekten aus Massivholz und Holzbohlen eine feste, kompakte und schwere Form. Daher fehlen Dachüberstände, Regenrinnen, Kamin und Vordach. Auch die Fenster sind bündig in die Wände eingesetzt und harmonieren mit den glatten Flächen. Auf Bodenniveau umhüllt der Anbau die Garage.

< Die Textur des Holzes und sein warmer, ungleichmäßiger Farbton mildern die monolithische Gestalt des Gebäudes und mildern insgesamt den Kontrast zum Satteldach und den verputzten Nachbarbauten. Auf der Rückseite holen die große Glastür und die Gartenanlage die Natur ins Haus.

> **Stadthaus, Sydney**
Dem alltäglichen Problem der Belichtung eines Treppenhauses begegnete der Architekt Stephen Varady, indem er unregelmäßige Fensteröffnungen in den zweigeschossigen Anbau schnitt, wo immer dies möglich war. Dieses großformatige Fenster an einem Treppenabsatz lässt natürliches Licht in das Treppenhaus strömen.

v Das äußere Erscheinungsbild dieses von einem kubistischen Formenkatalog geprägten Treppenhauses ist von Marcel Duchamps »Akt, eine Treppe hinabsteigend, Nr. 2« inspiriert. Ihre seitliche Platzierung und die Vegetation lassen sie jedoch im Kontext der Nachbarbebauung nicht dominieren.

< Der Entwurf umfasste den Umbau des Eingangshofes, eine Küchenerweiterung, einen neuen Barbereich und ein vollständig verglastes Bad. All dies verstand der Architekt als »eine dynamische Kreuzung plastischer Elemente«. Die plastische Beschaffenheit zieht sich bis zur äußeren Gestalt, die einige der Ausschnitte und Winkel aufgreift, aus denen sich die Innenräume des bestehenden Hauses zusammensetzen.

# Mehrgenerationenhaus
# Westfalen, Deutschland
# Drewes + Strenge

Ansicht Carport
und Dachterrasse

Seitenansicht

∧ Beton-, Stahl- und Glasplatten zeichnen diese neue Terrasse aus. Sie wurde für eine junge Familie in Deutschland entworfen, die das Haus zusammen mit den Großeltern bewohnt.

> Indem die Architekten lediglich eine Fassade veränderten und Außenbereiche in einem erfrischenden, modernen Stil schufen, erhielt eine junge Familie ein Haus, das ihre eigene Identität widerspiegelt. Dabei blieben die traditionellen Elemente im Innern und an den anderen Seiten des Hauses bestehen.

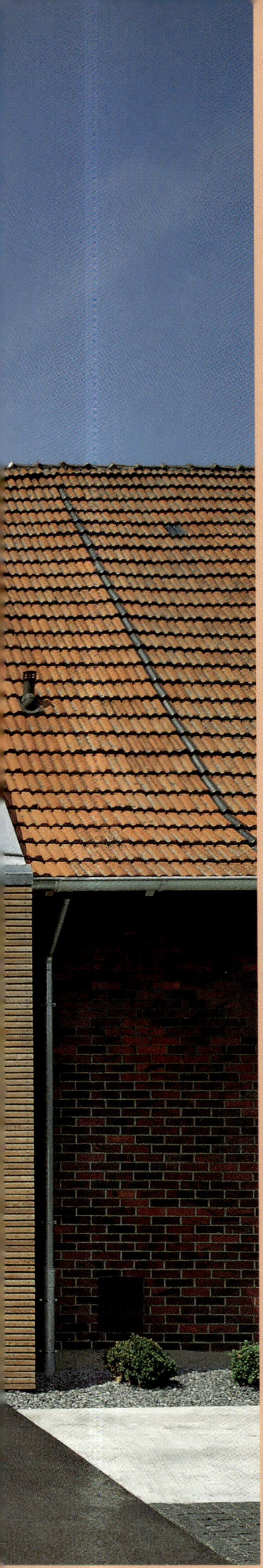

»Ein typischer Generationenkonflikt«, so beschreibt Frank Drewes aus dem Architekturbüro Drewes + Strenge das Problem, das zu einem Anbau im Garten dieses Vorstadthauses aus den fünfziger Jahren in Westfalen, Deutschland, führte. Ein Ehepaar mit drei kleinen Kindern teilt sich ein Haus mit den Eltern der Ehefrau und hätte gerne einen Teil für sich beansprucht, ohne den Komfort und die Vertrautheit des elterlichen Heims zu beinträchtigen. Die ältere Generation lebt weiterhin im Erdgeschoss, während die Tochter mit Familie im Obergeschoss wohnt. Zumindest momentan muss das Haus den Bedürfnissen zweier unterschiedlicher Lebensweisen gerecht werden.

Die Architekten konzentrierten sich nicht auf die festgelegte Grundrissorganisation, die aus Achtung vor den Großeltern nicht verändert werden sollte. Stattdessen gestalteten sie eine Fassade und mehrere Gartenflächen – einschließlich Carport und neuem Eingangsbereich – gänzlich neu. So entstanden im Wesentlichen ein separater Zugang und ein eigener Eingang für die junge Familie. Die anderen Hausseiten und die Gartenanlage behielten ihren ursprünglichen Charakter, sind allerdings vom neuen Eingang aus so gut wie nicht einsehbar. Das regionaltypische Satteldach wurde ebenso wie die Ziegelsteinfassade in den Bereichen erhalten, die von der neuen Maßnahme unberührt blieben. Dagegen kommen bei der Ergänzung bewusst sehr moderne Materialien zum Einsatz. Sichtbeton, Naturholz, Corten-Stahl, Asphalt und Kies sind in einer Reihe miteinander verbundener Flächen angeordnet. Diese bilden separate Terrassen- und Eingangsbereiche und schirmen die veränderte Fassade vom traditionellen Eingang sanft ab. Den krönenden Abschluss stellt die apfelgrün gestrichene Eingangstür dar. Sie signalisiert ein frisches, jugendliches Umfeld.

Obwohl der neue Bereich nur ein Viertel der gesamten Außenfläche einnimmt, vermittelt er den jüngeren Bewohnern ein Gefühl der eigenen Identität innerhalb ihres Zuhauses. Diese Empfindung verstärken kleine, aber bedeutsame Gesten wie der Garten auf dem neuen Carport aus Beton, der dem Ehepaar einen intimen Bereich im Freien für Geselligkeit oder Abgeschiedenheit bietet. Dieses Projekt präsentiert keine Erweiterung im Sinne einer Vergrößerung der Grundfläche des Hauses. Gleichwohl bedeutet es für diese Familienkonstellation eine wichtige Expansion – einen Weg, das Bedürfnis nach einem persönlichen Geschmack innerhalb einer älteren Tradition zum Ausdruck zu bringen und gleichzeitig jeden glücklich zu machen.

< Beim neuen Carport kam Beton zum Einsatz. Eine geschickte Anordnung der neuen Elemente schützt vor den Blicken der Nachbarn.

<< Mehrere dezente Betonplatten fungieren als Abschirmungen, so dass vom neuen Eingang aus der bereits vorhandene Zugang und die Gartenanlage nicht sichtbar sind.

< Ordentlich gestapeltes Holz gewährt einen weiteren einfallsreichen Sichtschutz um den neuen intimen Eingangs- und Außenbereich.

<< Die mit Wein berankte Fläche bildet die traditionellere Seite des Hauses. Glasplatten gewähren Abgeschiedenheit auf der Terrasse über dem neuen Carport.

**> Kleines Landhaus aus dem 17. Jahrhundert, Bristol, Großbritannien**
Zwischen einem Haus und einer wenig bemerkenswerten Mauer platzierte Paul Archer ein praktisch unsichtbares Glasdach. Es bedeckt einen modernen Raum, in dem sich ein Grillplatz im Freien und ein geschützter, modern-rustikaler Wintergarten befinden. Das Glasdach geht in das bestehende Mauerwerk über und wirkt sich kaum auf den Charakter des alten Hauses aus.

∧ Robust und dennoch dezent sorgt das Glasdach für einen teilweise geschützten Außenraum. Die Bewohner können sich bei schlechtem Wetter zurückziehen und bei schönerem Wetter im Freien sitzen.

∧ Die traditionelle Natursteinverkleidung und der Giebel des kleinen Landhauses wurden beibehalten. Selbst die Steinmauer aus den sechziger Jahren ist nahezu unversehrt, wenngleich sie jetzt mit passendem Stein ansprechend restauriert ist.

> Die Fußbodenfliesen gehen von der abgeschiedenen Terrasse in den Garten über – ein verbindendes Element, das den Blick und auch die Gäste zum Außenbereich leitet. Rechts bilden die gemauerten Ziegelsteine ein Wasserspiel.

**^ Frei stehendes Haus, bei Berlin**
Dieser im Jahre 2002 mit einem deutschen Holzbaupreis ausgezeichneten Hauserweiterung gaben die Architekten von and8 den Spitznamen »Kinderhaus«, da es zwei Kinderschlafzimmer und einen Spielbereich enthält. Der im Erdgeschoss an ein Gründerzeitgebäude angeschlossene Neubau kontrastiert mit dem traditionellen Stil durch auffällige Lärchenholzleisten und Holzverkleidungen.

< Holz und Wellenformen schaffen eine heimelige und verspielte Konstruktion, die an ein Kinderspielhaus im Garten erinnert. Gleichzeitig präsentiert sie einen ausgeklügelten Lösungsansatz bei beschränktem Raum und anderen Bauauflagen. Der gefällige Holzbau ist mit dem Haupthaus über einen »Wintergarten« verbunden, den die Kinder in den kalten Monaten als Spielfläche nutzen.

∧ Die Dachform des Wintergartens und die wellenförmige Gestalt des Kinderspielhauses folgen der harmonisch gegliederten Form des Haupthauses mit kontrastierenden Materialien. Das Dach des Wintergartens passt sich mehr dem Stil des vorhandenen Gebäudes an und leitet sanft zum Kinderhaus über, das eher ein privater Rückzugsort ist.

∧ Im Winter wird der über eine Leiter erreichbare Alkoven des Wintergartens zu einem Spielort. Das durchgängig verwendete Holz erzeugt in den Räumen eine warme und gemütliche Atmosphäre.

< Das Innere der neuen Orangerie hat den Zauber eines traditionellen Wintergartens. Ihr High-Tech-Glasdesign sorgt für mehr Transparenz als früher, da keine Metallstützen erforderlich sind, und bietet eine moderne Klimatisierung.

v Bei dem Anbau aus Ziegelstein und Glas bestehen Stabilität und Transparenz nebeneinander. Bauglasplatten in den Außenmauern aus altem Ziegelstein geben Schutz und lassen natürliches Licht eintreten.

**< Kleines Landhaus aus Ziegelstein, Norfolk, Großbritannien**
Das unweit der englischen Ostküste gelegene Landhaus aus dem neunzehnten Jahrhundert bewahrt seinen traditionellen Charakter, während ein unauffälliger seitlicher Anbau Aufsehen im Verborgenen erregt.

< Die illuminierte Orangerie der Londoner Architekten Deborah Saunt und David Hills bietet bei jeder Witterung einen stimmungsvollen Essbereich.

∧ Blick durch die Gartenmauer. Hinter der bescheidenen, alten Fassade liegt ein überraschend moderner und zauberhafter Raum.

UNTEN

Mit den Begriffen Erweiterung oder Umbau eines Untergeschosses assoziiert man häufig einen gut gedämmten Spielkeller für Kinder, ein abgedunkeltes Reich für einen Billardtisch oder – ein wenig rustikaler, aber exklusiver gedacht – einen Weinkeller. Keines der folgenden Projekte passt in eine dieser Kategorien. Unterirdisch bedeutet hier sowohl darunter als auch draußen. Die Erweiterung kann die Erde unter Bodengleiche verdrängen, um sich jedoch anschließend in den Garten auszubreiten. So schafft sie Raum jenseits der ursprünglichen Grundfläche des Hauses oder unterstützt einfach den Raumfluss von innen nach außen.

Bisweilen veranlasst eine steile Hanglage den Architekten, einen dringend benötigten Raum auszuheben. In städtischen Gebieten weisen die hohen, schmalen Gebäude an der Rückseite oft eine niedrigere Geländehöhe auf als an der Vorderfront. Bei einem Umbau kommen die dort bereits vielfach genutzten, halb in die Erde eingelassenen Bereiche in den Genuss von mehr Raum und Licht.

### Vom Kellergeschoss zum Gartenraum

Liegt der hintere Garten oberhalb der Geschossebene eines Hauses, hilft eine teilweise unterirdische Erweiterung, den Außenraum stärker in den Gesamtplan des Gebäudes einzubeziehen. Damit auf Kellerniveau ein größerer Bereich im Freien entsteht, lässt sich beispielsweise ein weiterer Teil des Gartens ausheben. Auch der großzügige Einsatz von Oberlichtern oder gar einem Glasdach bringt selbst durch eine Untergeschosskonstruktion erstaunlich viel Licht ins Innere. In London, wo die Räume im Souterrain für die viktorianische Hauskonstruktion ebenso wichtig sind wie jene in den Obergeschossen, ist das Problem der Öffnung dieser dunklen und häufig feuchten Räume wohl bekannt. Auch wenn die Zimmer an der Gebäuderückseite nur wenig in den Boden eingelassen sind, verband sie wohl früher eine enge Steintreppe mit dem erhöhten Gartenhof, so dass dieser schlecht erreichbar war. Der Höhenunterschied zum Gelände erweckt oft den Eindruck, die Räume lägen vollständig unterirdisch. Um diese leicht in die Erde gesenkten Innenräume sanft in den Garten übergehen zu lassen, setzten die Architekturbüros Paul Archer (siehe Seite 172) und Springett Mackay (siehe Seite 174) recht einfache Methoden sehr wirkungsvoll ein. Zunächst vergrößerten sie die vorhandenen Räume, indem sie die winzigen Zimmer in weite, offene Bereiche mit einem breiteren Zugang vom und zum Hauptgebäude verwandelten. Danach gruben sie einen Gartenbereich unmittelbar hinter der Erweiterung aus und schufen so einen ebenen Übergang ins Freie. Der Garten ist nun auf mehr als einer Ebene nutzbar, doch am meisten zählt wohl sein direkter Kontakt mit dem Haus. Schließlich sorgten sie mit großen Fenstern, Oberlichtern und weiten Schiebetüren für eine Einbindung der neuen Räume in den Garten und damit einen noch weitläufigeren Innenbereich und mehr Helligkeit.

### Aus dem Hang geschnitten

Häuser an steilen Hanggrundstücken bieten ihren Bewohnern häufig ein grandioses Panorama. Die Gärten dahinter werden jedoch mitunter vernachlässigt, da die Aussicht auf die erforderlichen Aushub- und Gründungsarbeiten wenig ermutigend ist. Eine Terrasse auf Pfeilern könnte die Hangbebauung ausdehnen. Je nach Grundstück muss das Ausheben und Auffüllen zur Schaffung einer ebenen Fläche nicht problematischer sein als jeder Neubau. Zudem besteht ein enormes Ausbaupotenzial sowohl für einen geschlossenen Innenraum als auch für einen besser nutzbaren Außenbereich. In Brisbane, Australien, machten sich die Bewohner und das Büro m3architecture den teilweise ausgehobenen Bereich unterhalb eines Hauses zunutze (siehe Seite 176). In dem Keller an der Rückseite eines konventionellen Bungalows schufen sie Räume für die erwachsenen Kinder. Sobald sie flügge sind, entsteht hier Büroraum für die Eltern. Die Berücksichtigung der verschiedenen Stadien im Leben der Familie führte auch zur Errichtung von Gebäudeflügeln, die sich auf der Rückseite des Hauses erstrecken. So ist der Gartenbereich jetzt neu bestimmt und der Außenbereich letztlich besser und interessanter nutzbar.

Ein abschüssiger Hang inspirierte auch die Architekten Daly Genik zu einem lichtdurchfluteten Anbau und zur Umgestaltung eines Gartens in Südkalifornien (siehe Seite 180). Der kluge Einsatz von Beton als Material zur Erdbebenvorsorge und als Bauelement verhalf zu einem hellen, offenen Wohn- und Essbereich, der nun fließend in einen ebenen Garten übergeht. Im folgenden Kapitel liefert das australische Architekturbüro Donovan Hill ein bemerkenswertes Beispiel für das Potenzial eines ausgehobenen rückseitigen Gartens (siehe Seite 236).

## Untertauchen

Natürlich gestatten es nicht alle Erweiterungen des Untergeschosses, den Außenraum einzubeziehen oder viel natürliches Licht einzulassen. Manchmal ist der Aushub lediglich der einfachste Weg zu mehr Wohnfläche, sei es aufgrund konstruktiver Erwägungen, wegen der Bauvorschriften für die äußere Gestaltung oder aus Kostengründen. Er bietet aber auch viel Spielraum für Kreativität und Innovation. Ebenso wie eine Dacherweiterung birgt auch eine Ergänzung unterhalb eines bestehenden Hauses großes Potenzial für die Treppengestaltung. Bei einer unterirdischen Erweiterung in Kalifornien (siehe Seite 186) schafft die eingefügte Treppe einen plastischen Block, der in die Innenräume hineinragt und für Stauraum und Präsentationsflächen sorgt. Dabei leitet er auch in die tiefer gelegenen Bereiche. Diese unterirdischen Räume sind unterschiedlich hoch. Obwohl das bestehende Gebäude die Deckenhöhe vorgab, gelang es dem Architekten, in einigen Teilen des Untergeschosses wesentlich höhere Raumhöhen zu erzielen und dieses Potenzial voll auszunutzen.

Die nicht immer leicht zu klärende Frage der Beleuchtung wird in Innenbereichen, insbesondere in Untergeschossräumen, stets von zentraler Bedeutung sein. Hierbei muss die Antwort nicht das Nächstliegende sein. Wie der Architekt David Adjaye bei seiner Erweiterung am Haus eines Londoner Künstlers gezeigt hat (siehe Seite 190), kann die Lichtzufuhr auf unterschiedliche Weise erfolgen. Die besten Resultate lassen sich gewöhnlich mit einer Kombination mehrerer Methoden erreichen. Da das Dach dieser Erweiterung im Untergeschoss mit Glasbausteinen gedeckt ist und hinter dem neuen Essbereich im ersten Obergeschoss ein eleganter Innenhof liegt, wird das Maleratelier im Stockwerk darunter über die Decke und einen Lichtschacht im Hof belichtet, der am anderen Ende des Raumes offen belassen ist.

Eines der herausragendsten Beispiele für eine von natürlichem Licht durchflutete Ergänzung im Untergeschoss ist das von GAD Architecture erweiterte Bauernhaus im traditionellen Stil am Stadtrand von Istanbul (siehe Seite 192). Eine luxuriöse Anlage mit ineinander übergehenden Swimmingpools erstreckt sich von innen nach außen. Dabei wird der Trakt im Untergeschoss mittels einfallsreicher Dachausschnitte belichtet, die als elliptische Aussparungen in der Rasenfläche erscheinen. So wie Alice in die Kaninchenhöhle hinabsteigt oder wie in einem Zaubergarten – der Entwurf verfügt über eine entwerferische Qualität, die praktische und selbst hochgesteckte Erwartungen übertrifft und Raum schafft, der ein visuelles und physisches Vergnügen bereitet.

Bemerkenswert ist auch die zierliche Veranda mit einer darüber liegenden Terrasse auf Erdgeschossniveau, die das Atelier Bow-Wow einem japanischen Blockhaus anfügte. Dabei entstand im Untergeschossbereich zusätzlich ein mit Betonwänden eingefasster Raum (siehe Seite 198). Obwohl der neue Raum in gewisser Weise einem Bunker gleicht, öffnet er sich wie ein Waldpavillon dem gesprenkelten Licht der mit Holzlatten versehenen Veranda. Alle diese Projekte belegen die positiven Eigenschaften eines Raumes im Souterrain, der nicht mehr das Stiefkind der höher gelegenen Räume ist. Eine unterirdische Erweiterung hört auf, ein dunkler, umbauter Raum zu sein und wird stattdessen zum verborgenen Juwel eines Hauses.

**v Reihenhaus, London**
Der Anbau erfüllt die neue, moderne Küche mit Licht. Die Arbeitsplatten wurden vor Ort aus weißem Zement, Marmorsplitt und Bausand hergestellt.

<<< Paul Archer bringt mit einer rückseitigen Erweiterung samt Umbau des Untergeschosses eines Hauses aus dem neunzehnten Jahrhundert Licht nach innen und schafft einen bequemen Zugang nach draußen. Aus dem Gartenhof wurde eine große Vertiefung ausgehoben und auf Kellerniveau eine Rasenfläche ergänzt. Wenn die Glastüren in die Wandaussparungen gleiten, erscheint die neue Rasenfläche als Teil des Essbereichs.

<< Das doppelt verglaste Dach der Erweiterung lässt Licht durch den neuen Bereich in die bestehenden Räume strömen und markiert den Weg nach draußen.

< Die Erweiterung wurde in einer leichten Drehung angesetzt, um einen Baum zu erhalten. Die silbernen Stufen rechts verbinden die alte Hintertür mit dem neuen Außenraum. Sie bilden einen weiteren, breiten Zugang zur höher gelegenen Rasenfläche.

< Der ursprüngliche Garten lag einen Meter oberhalb des Untergeschosses. Eine neue Stützmauer musste hinzugefügt werden, die jedoch so erweitert wurde, dass auf dem Niveau der Küche zusätzlicher Raum für eine Terrasse und einen Innenhof entstand. Wie die Architekten erläutern, ist die Erweiterung »halb Bunker, halb Versteck, da sie innen den Eindruck erweckt, umschlossen und geschützt zu sein und zudem ein niedriges Profil aufweist«. Auch Stahl- und Holzelemente tragen dazu bei, weniger den Blicken ausgesetzt zu sein.

<< **Stadthaus, London**
Das Architekturbüro Springett Mackay schuf einen weiteren hellen Küchen- und Gartenraum, indem es einen halbversenkten Kellerbereich aushob und aufwertete.

< Die Architekten machten aus der Lage im Untergeschoss eine Tugend. Sie entwarfen ein Oberlicht, Fenster und überdimensionierte gläserne Schiebetüren, um viel Licht einzulassen, ohne die Privatsphäre an diesem tief gelegenen Standort zu beeinträchtigen.

# Aus dem Hang geschnitten

∧ **Bungalow, bei Brisbane, Australien**
In einem Vorort sollten Michael Banney und Ben Vielle aus dem Büro m3architecture einen an einem steilen Abhang gelegenen Walmdachbungalow vergrößern. Angestrebt waren eine stärkere Einbindung des Hauses in das natürliche Umfeld sowie Räume für die erwachsenen Kinder der Bauherren. Nach dem Auszug der Kinder sollten die Zimmer mühelos einer anderen Nutzung zugeführt werden können.

< Ein Raum, der als Schlaf- oder Arbeitszimmer genutzt werden kann, öffnet sich unmittelbar zum Abhang. Zusätzlich zu dem Badezimmer wurden zwei dieser Schlaf- beziehungsweise Arbeitszimmer angefügt. Dieser Arbeitsplatz ist wahrlich eine Kombination von Innen- und Außenraum, bei der die Schreibtischfläche und der Fußboden über den Innenraum hinausgehen.

∧ An der Hausrückseite entstand durch partielles Ausheben des Kellers das Badezimmer als Teil einer Reihe von Räumen. Aus dem Bad geht der Blick auf die Terrasse des neuen Obergeschosses.

> Glas, Beton, Kiefernholz, Sperrholzfußböden und schwarz gestrichene Trennwände aus Sperrholz bilden eine zweckmäßige Materialpalette, mit der sich die Räume verschiedenen Bedürfnissen anpassen lassen. Einfache Baustoffe lenken die Aufmerksamkeit auf Farben und Beschaffenheit der Landschaft.

> Zu den im Keller ergänzten Räumen des Hauses zählen das Schlaf- oder Arbeitszimmer (die Spiegelwand rechts), das mit Kiefernholz verkleidete Bad, ein offenes Wohnzimmer (Mitte links) und ein Gartenzimmer (ganz links). Die Brücke darüber führt zur zentralen »Insel«-Terrasse. Ihr Wellblechdach korrespondiert mit der für Queensland typischen Bauweise, während die tieferen, weniger sichtbaren Elemente eher moderne Tendenzen zeigen.

< Das abfallende Gelände unter dem Haus hoben die Architekten mit ihrer »hyperbolischen Wand« hervor. Deren Polycarbonatverkleidung und rote Hintergrundbeleuchtung – eine ausdrucksvolle Wahl von Farbe und Material – setzen sich von dem zurückhaltenden Charakter der Hauptelemente dieser Erweiterung ab.

# Beverley House
Venice, Kalifornien
Daly Genik

< Durch die Einebnung eines Hanggrundstücks unterhalb eines Bungalows aus den zwanziger Jahren in Venice, Kalifornien, entstand nach Plänen des Architekturbüros Daly Genik eine Reihe lichter, offener Räume. Die Dachveranda der Erweiterung ist von einem speziell entwickelten Metallgitter umgeben, damit eine gewisse Abgeschiedenheit entstehen und gleichzeitig Licht eindringen kann. Eine weitere, ähnliche Terrasse wurde der Garage am anderen Ende des Gartens aufgesetzt.

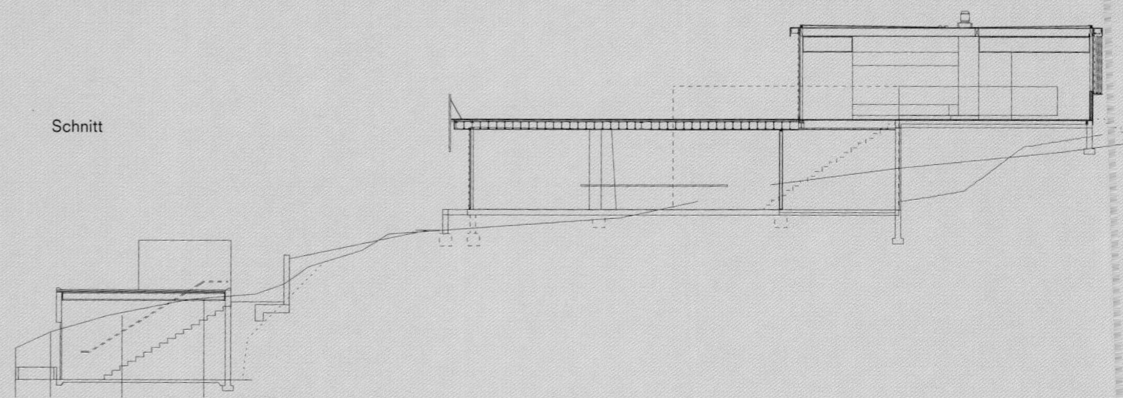

Schnitt

> Ein Großteil der Außenhaut des Bungalows blieb intakt und der ursprüngliche Hauseingang erhalten. Die Holzverkleidung ist neu, ebenso das Oberlicht rechts.

> Innen wurde das Haus offener gestaltet; Fenster und der zurückhaltende Einsatz von Trennwänden lassen Licht herein. Der Bücherschrank und die Einfassung der Feuerstätte stehen in der Handwerkstradition qualitätvoller Einbaumöbel.

**Ein auf einem abschüssigen Gelände zwischen zwei Straßen gelegener Bungalow aus den zwanziger Jahren zog die Aufmerksamkeit eines berufstätigen Paares mit einem Sohn im Teenageralter auf sich. Sein typisch dunkles, umschlossenes Inneres war jedoch weniger attraktiv als das Umfeld und die Lage. Der aus der kalifornischen Handwerkstradition entwickelte Stil des flachen, düsteren Bungalows täuscht über das gemäßigte Klima dieser Region hinweg, da er mehr vor der Sonne schützt als zu ihr geöffnet ist. Schnell erkannten die Architekten, dass das Haus »völlig auf den Kopf« zu stellen war. Die konventionellen Räume im Bungalow sollten ins Helle, hinunter zur Gartenebene umziehen und der übrige Bereich auf Straßenniveau geöffnet werden. Um mehr Licht in das Untergeschoss zu bringen, wurden das Dach angehoben und Oberlichtfenster eingefügt. Nach dem Entfernen unnötiger Wände aus dem Grundriss definieren nun Trennwände – die nicht die volle Deckenhöhe erreichen – die Räume, so dass durch die einst dunklen Bereiche ungehindert Licht strömen kann.**

**Im Untergeschoss wurde der durch Abstechen des Abhangs entstandene lichtdurchflutete Küchen- und Essbereich mit einer vollverglasten Eckumbauung ausgebildet. Diese liegt einer dreieckigen Betonplatte auf, die wie ein Schiffsbug aus dem Innenraum in den neu beanspruchten Außenraum vorspringt. Da Licht aus dem geöffneten Bereich im Obergeschoss und durch die gläsernen Seitenwände eindringt, wirken diese unteren Räume sehr hell.**

**In einem stark Erdbeben gefährdeten Gebiet könnte ein solcher Aushub ein größeres Problem darstellen. Die Architekten ließen sich jedoch dadurch nicht abschrecken und meinten, der Grund am Standort sei sehr stabil und die verwendeten Betonelemente würden ungeachtet ihrer seismischen Funktion die Gestalt und das Thema des Entwurfs untermauern.**

2442

∧ Dem Ehepaar, beide begeisterte Köche, steht im Untergeschoss nun eine große, offene Küche und ein Essbereich zur Verfügung, im hinteren Teil außerdem ein zusätzliches Schlafzimmer und ein Arbeitszimmer.

> Ein wesentliches Anliegen der Architekten bestand darin, die Grenzen zwischen der inneren und äußeren Umgebung aufzuheben. Das vor der Tür deutlich auskragende Betonfundament, der vollverglaste Eckeingang und die Bepflanzung um den Neubau unterstreichen das Verschmelzen von Innen und Außen.

**> Ständerhaus, Südkalifornien**
Ein Aushub von 110 Quadratmetern unterhalb eines Hauses an einem steilen Hang nutzte der Architekt Patrick Tighe für eine plastisch ausgebildete Gruppe von Räumen. Die Erweiterung erstreckt sich von den oben gelegenen Wohntrakten zu dem Garten darunter und gleicht den Höhenunterschied aus.

>> Die unterschiedlichen Deckenhöhen werden vom vorhandenen Haus diktiert, so dass die Räume teilweise von geneigten Wandflächen umgeben sind. Sie verleihen den unterirdischen Bereichen Dynamik und Helligkeit. Allerdings bemühte sich der Architekt um eine möglichst große Ausnutzung der Höhen: Der höchste Punkt befindet sich im Musikraum, wo die Decke bis zu einer Höhe von 4,87 Metern aufsteigt – ungewöhnlich für einen unterirdischen Raum.

<< Milchige Verbundglasplatten trennen die Treppe vom Bad ab. Die Duschkabine ragt über die Kitchenette. Eine horizontale Platte aus rostfreiem Stahl, die das Waschbecken aufnimmt, dringt in diese Glaswand ein.

< Am Schnittpunkt mit dem Badezimmer ist die mit Winkeln versehene Treppenwand ausgespart. Sie zeigt die kontrastierenden Materialien und lässt Licht in das Bad eintreten. Bei eingeschalteter Badezimmerbeleuchtung erstrahlt ein Teil des Gesimses. Ausschnitte in anderen Wänden eröffnen wechselnde Perspektiven und eine Vielzahl von Blickpunkten in den neuen Räumen.

> Vom Gesellschaftsraum geht der Blick ins Untergeschoss mit dem Zugang zum Garten. Die plastisch gestaltete Treppenwand steigt zu einer Deckenunterkonstruktion auf, in der sich die Gebäudetechnik und die Lautsprecheranlage befinden. Durch diese »schwebende Form« erhält das gesamte Raumprogramm Höhe und Kontur.

**<<< Hugenottisches Seidenweberhaus, London**

In einem alten Haus, das dem Künstler Chris Ofili gehört, gestaltete der Architekt David Adjaye die Innenräume vollkommen um. Er erweiterte das erste Obergeschoss und baute den – überdachten und zuvor als Abstellraum genutzten – Garten im Erdgeschoss zu einem großzügigen Atelier um. Die neue Erdgeschossfassade mit ihren gläsernen Schiebe- und Faltpaneelen lässt die moderne Umwandlung im Innern erahnen.

<< Auf der Rückseite des Hauses wurde der Innenraum des ersten Obergeschosses vergrößert und verglast, um einen Essbereich zu schaffen. Das Dach des ehemaligen Abstellraumes ist mit Glasbausteinen gepflastert, damit Licht in das neue Atelier darunter einfällt. So ergeben sich mehrere strahlend helle Räume.

< Helligkeit bringen drei Lichtquellen: die Decke aus Glasbausteinen, der Anbau eines kleinen offenen Innenhofes an der Stirnseite des Raumes (der mit Glas abgetrennt ist und das von der Wand reflektierte Licht ins Atelier bringt) und eine sorgfältig abgestimmte künstliche Beleuchtung.

## Überflutetes Haus
Bei Istanbul, Türkei
GAD Architecture

< Der Außenpool korrespondiert mit einem Wasserbecken im Innern. Der Plan veranschaulicht, wie die Architekten mehr Raum aus dem Hügel unterhalb des Hauses schnitten und dabei die im traditionellen Stil gehaltene Konstruktion beibehielten. Wie viele solcher Projekte ringt das Haus mit Widersprüchen. Von der Straße aus drängt sich kaum der Eindruck eines sehr modernen Hauses auf. Ebenso glaubt man beim ruhigen Schwimmen unterhalb des Gartens mit Blick auf das den Hang hinabfließende Wasser nicht, dass die beengten Räume eines Wohnhauses aus dem neunzehnten Jahrhundert nur einige wenige Geschosse entfernt liegen.

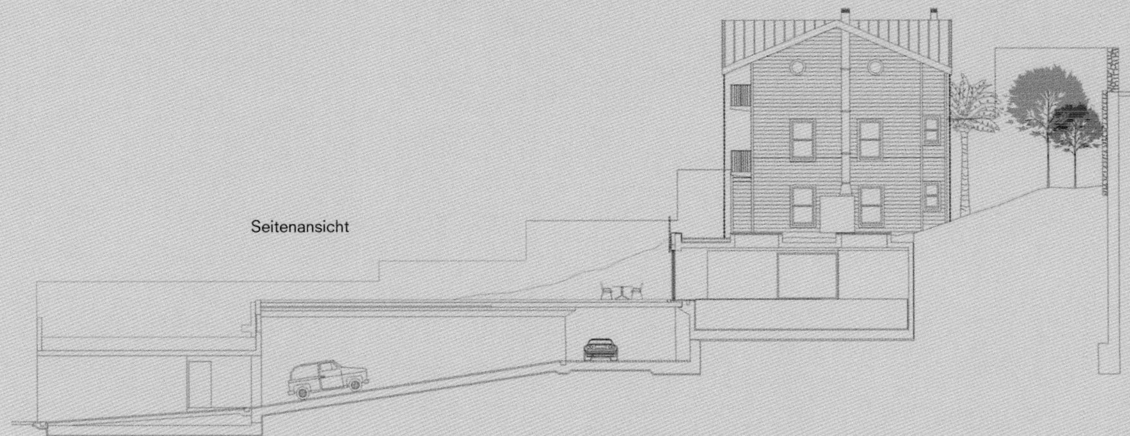


**Das eigentliche Haus ist insofern ursprünglich, als es eine nahezu exakte Kopie eines Gebäudes darstellt, das im neunzehnten Jahrhundert auf diesem Grundstück gebaut wurde. Strenge Bauvorschriften in dieser Region Istanbuls standen einem modernen Haus entgegen. Sie verhinderten allerdings nicht eine spannungsreiche und fast verborgene unterirdische Erweiterung, die vom Zugang des Wohnhauses aus überhaupt nicht in Erscheinung tritt. Bei dem Haus in schöner Hanglage mit Blick auf den Bosporus schnitten die Architekten aus dem darunter liegenden steilen Hang drei weitere Geschosse mit modern gestalteten Wohnbereichen und verdoppelten damit die Gesamtfläche. In einer tieferen Ebene liegen ein Swimmingpool und ein Gymnastikbereich, eine Küche und ein Esszimmer sowie ein Bambusgarten, der sich zum Meer ausdehnt. Bei genauerer Betrachtung der eiförmigen Aussparungen im Gras zeigt sich, dass es sich bei ihnen in Wirklichkeit um Oberlichter eines weiteren, noch tiefer liegenden Poolbereichs handelt. So entsteht das Gefühl, man würde über einer geheimen Welt stehen. Die Idee zu diesem Pool im Untergeschoss hat auch historische Bezüge, da hier viele der alten Häuser seinerzeit über einem Stellplatz für Boote errichtet wurden. Doch auch hier geht das Ergebnis über eine bloße historische Anspielung weit hinaus. Die Architekten ließen sich von der Vorstellung inspirieren, Wasser in das Haus zu holen. In Aufsehen erregender Weise ordneten sie den Innen- und den Außenpool so an, dass die Becken »von außen betrachtet miteinander verbunden wirken, als würde das Wasser durch die Glastür von einem Pool zum anderen strömen«. Ebenso spektakulär ist die Aussicht von innen, »wo das Wasser den Außenpool scheinbar überflutet und über den Gartenrand im Bosporus verschwindet«. Die beiden Becken trennt jedoch ein schmaler Pfad. Der Umgang mit Perspektiven und Ansichten ist gleichermaßen subtil und beeindruckend – wie die eingefügten Bereiche insgesamt, die alle Planungsauflagen erfüllen und dabei einen erheblichen Raumgewinn erzielen.**

∨∨ (folgende Doppelseite links)
In der unterirdischen Erweiterung entstanden ein Essbereich und der gänzlich abgeschirmte Swimmingpool.

∨∨ (folgende Doppelseite rechts)
Das Satteldachhaus im Chalet-Stil hält sich an den lokalen Bautypus. Moderne Elemente sind dagegen erst in der rückseitigen Verglasung und der geschickten Steinpflasterung auf dem Weg zum Poolbereich auszumachen.

∧ Eine Verkleidung und eine Terrasse aus Holz ergeben draußen einen behaglichen Aufenthalts- und Essbereich im regionaltypischen Stil. In der Seeluft wird das Holz merklich verwittern. Die Architekten behielten die geforderte traditionelle Topographie des Chalet-Hauses bei. Zugleich gelang es ihnen, ein neues, unverwechselbares und luxuriöses Wohnumfeld zu schaffen.

∧ Das Wasser scheint am Gartenrand hinabzufallen, ein optischer Kunstgriff, der den Garten fast bis zum Meer ausdehnt. Tatsächlich aber wird das Wasser in einem Trog aufgefangen und wieder dem Pool zugeführt. Auf dem Steinpflaster ist reichlich Platz für Liegestühle. Der Entwurf setzt sich aus mehreren Bereichen zusammen, die von der Rückseite des Hauses zum Meer hin abgestuft sind.

> Plastische, teichähnliche Ausschnitte im Rasen unterhalb des Außenpools sind in Wirklichkeit Oberlichter zur Beleuchtung des unterirdischen Poolbereichs. Diese aufwendigen Elemente, so die Architekten, erinnern an die Schnitte, die Gordon Matta-Clark in den siebziger Jahren in Gebäuden vornahm.

**> Blockhaus, Präfektur Yamanashi, Japan**

Hell und zierlich erscheint ein Anbau im Untergeschoss durch die vom Atelier Bow-Wow entworfene offene, von Holzlatten eingefasste Veranda. Im Zusammenspiel von Licht und Materialien ist das Gesamtbild einfach, aber auffallend.

∧ Zu der Betonwand, die den neuen Raum im Unterschoss umschließt, bilden die Holzelemente ein Gegengewicht. Sie betonen die Horizontalperspektive.

> Mit der Veranda und der aufgesetzten Dachterrasse erhielt das Haus zwei weitere Ebenen im Freien. Die gesamte Konstruktion harmoniert mit dem bestehenden Blockhaus und ist mit ihrer geradlinigen Gestalt gleichzeitig wesentlich moderner.

Bei einem Anbau geht es nicht immer lediglich um ein weiteres Zimmer auf dem Dach, im Garten, an der Seite oder im Untergeschoss. Selbst eine zweigeschossige Erweiterung mag nicht das Richtige sein, um eine ausreichend große Wohnfläche zu schaffen. Dabei ist gar nicht unbedingt ein neues Haus vonnöten. Doch sobald man sich für einen Stil und eine Form für das gläserne Gartenzimmer entschieden hat, könnte man sich zur Abrundung des Bildes auch eine passende »Lichtbox« auf dem Dach vorstellen. Vielleicht fehlen dem Haus auch generell ineinander übergehende Räume, so dass an verschiedenen Stellen Eingriffe erforderlich sind, um etwa an einer Seite einen Ausblick zu öffnen und an einer anderen eine Wand zu entfernen. Möglicherweise hilft es auch, alle Zimmer zu überdenken, neu zu organisieren und zu sanieren. Daraus entsteht das Programm einer Konstruktion, die das ursprüngliche Haus intakt lässt, es aber mit einer kühnen neuen Haut oder einer Anordnung neuer Formen umgibt.

**Umgestalten**

Ein Anbau führt häufig zu einer neuen Anordnung der Innenräume. Dabei verwandelt sich ein rückwärtiger Schlafraum problemlos in ein Wohnzimmer oder einen Küchen- und Essbereich, wenn die Rückseite des Hauses ausgedehnt und der Garten zugänglicher gemacht wird. Eine Dacherweiterung, die zu mehr Helligkeit führt, kann die Anordnung von Schlafzimmern im Obergeschoss beeinflussen oder sogar dazu führen, dass alle Privaträume nach oben verlagert und das Erdgeschoss öffentlichen Bereichen vorbehalten wird. Ein Umzug innerhalb des Hauses ist vor allem für die Bewohner einer historischen Immobilie nichts Außergewöhnliches. Dort haben die Räume schon vor langer Zeit ihre ursprüngliche Funktion verloren, als sanitäre Einrichtungen im Innern der Häuser und Zentralheizungen aufkamen. Aber oft müssen auch moderne Gebäude umorganisiert werden, selbst Häuser, die – wie jenes in Chicago (siehe Seite 206) – als Auftragsbauten der Eigentümer entstanden. Das Architekturbüro Valerio Dewalt Train hatte das ursprüngliche Haus 1989 gebaut und erhielt zehn Jahre später einen erneuten Auftrag. Der Anbau einer »Blechdose« durchschneidet die Obergeschosse und öffnet den Bereich zwischen Schlafzimmern und Arbeitsräumen, wobei er einen herrlichen Blick auf die Stadt gewährt.

Douglas Garofalos digital inspirierte Anbauten an zwei Häuser im amerikanischen Mittelwesten hingegen stehen für den von spektakulärer Modernität geprägten Umgang mit älteren Gebäuden. Bei einem (siehe Seite 210) windet sich ein Band aus grünem Fiberglas um ein kastenförmiges Haus und bildet dabei vorspringende gläserne Wohnzellen und einen schwindelerregenden Steg zum Beobachten von Vögeln. Der andere Anbau (siehe Seite 216) nutzt die Biegsamkeit von Titanverkleidungen aus, um mehrere Bauernhäuser zu umhüllen und so einen durchgängigen Wohnkomplex für eine Großfamilie zu schaffen. Wieder ein anderer Entwurf verwandelt Zweckbauten in ein Feriendomizil. In Maryland, USA, setzten W Architecture eine Scheune instand und stabilisierten sie (siehe Seite 214). Da die Architekten ein Glasgehäuse aus und unter dem Hauptbau vorspringen lassen, bleibt die alte Scheune außen in ihrer rustikalen Pracht erhalten. Zugleich entsteht in den verglasten Abschnitten Raum für Gäste und für eine beachtliche Kunstsammlung. Das Nebeneinander von Materialien mag wie ein Rezept für Disharmonie erscheinen. Doch bei genauerer Betrachtung dieser Projekte legt der Kontrast – hartes Glas mit ebenso hartem Stein oder Holz – eine Kontinuität der Materialien durch eine bauliche Geschlossenheit und durch eine natürliche Anziehungskraft nahe.

Die Umgestaltung des Grundrisses eines Hauses bedeutet häufig, den Rahmen zu sprengen und einen Raum, eine Dachterrasse, eine rückwärtige Terrasse, eine neue Fassade und vielleicht eine andere Verkleidung zu ergänzen. Das norwegische Architekturbüro Jarmund Vigsnæs baute eine ehemalige Schmiede in ein geräumiges Haus mit offenen Räumen um, indem es im großen Innenvolumen »Kästen aufhängte«, im ersten Obergeschoss einen Balkon vorsetzte und das weitläufige Flachdach nutzte (siehe Seite 222). Im loftähnlichen Innenraum sind durch die offene Treppe alle Eingriffe deutlich zu erkennen und als konstruierte Räume ablesbar. Emili Fox' zweistufiger Anbau an ein Haus in Australien, das strengen Bauauflagen unterliegt (siehe Seite 226), konzentriert sich mehr auf die Erweiterungsmöglichkeiten nach außen. Er nutzt die traditionelle Holzveranda als zeitgemäßen Ansatz zur Vergrößerung kleiner Innenräume. Rings um das Haus verläuft ein Holzbelag, der einen ursprünglich ungenutzten Gartenhof erschließt, gleichzeitig die meisten Innenräume zu abgeschiedenen Außenbereichen erweitert und durch ausgedehnte Fenster und Türen natürliches Licht einlässt.

### Rückseitige Fenster – Räume mit Aussicht

Eine rückseitige Erweiterung, die das Haus fast vollständig umwandelt, nutzt auf allen Ebenen sämtliche Zugangsmöglichkeiten zu Licht und Außenräumen. An der Vorderfront bleiben die historischen Elemente erhalten, während die Rückfassade gesprengt wird, eine transparentere Konstruktion die Innenräume erweitert und mit Licht erfüllt und aus dem Gartenhof ein zusätzlicher reizvoller Wohnbereich entsteht. Schlafräume verwandeln sich in lichtdurchflutete Horste, kleine Fenster werden zu Ausblicken auf die Stadt oder die Landschaft geöffnet – die Privatsphäre an der Rückseite des Hauses bleibt jedoch gewahrt. Australier scheinen ein Talent für eindrucksvolle Anbauten zu haben. Vielleicht ermuntert die große Zahl historischer Häuser – vergleichbar mit denen in Städten wie London – zusammen mit den etwas weniger strikten Bauvorschriften zum Experimentieren. Dabei spielt auch der verfügbare Raum eine Rolle: Auch wenn die Stadtzentren verdichtet sind, kann man sie nicht mit Städten wie etwa London oder New York vergleichen. Hier findet sich noch eher ein Stückchen Bauland. Da viele der in diesem Kapitel vorgestellten Projekte in Australien liegen, gehen sie über die reine australische Innovation hinaus. Das viktorianische Stadthaus, welches das Architekturbüro Engelen Moore nach oben und außen erweiterte (siehe Seite 232), könnte auch in London oder New York stehen. Doch die Stahl- und Glaskonstruktion mit der gewendelten, aluminiumverkleideten Treppe, die es geschickt an der Hausrückseite anbrachte, ist einzigartig.

Ebenso grandios erweiterte das Architekturbüro Donovan Hill einen bescheidenen »Queenslander« aus den zwanziger Jahren in Brisbane (siehe Seite 236). Es realisierte einen modularen, mehrgeschossigen Anbau mit einer Dachterrasse sowie riesigen Tür- und Fensteröffnungen auf einer neu geebneten Grundstücksfläche, die auch einen eleganten Sitzbereich, einen großen Pool und eine lichtdurchlässige Abschirmung aufweist. Die Interventionen des Architekten Stephen Varady an einem bereits früher von dem australischen Architekten Glenn Murcutt umgebauten Haus sind vielleicht weniger extravagant, aber nicht weniger einfallsreich mit ihren geschichteten Verglasungen im Haus und an den Außenwänden, die Lichtkanäle und ständig wechselnde Perspektiven schaffen (siehe Seite 244).

Auf einem kleineren Stadtgrundstück in London setzte der Architekt David Adjaye Glas ein, um ein Fabrikgebäude zu verwandeln (siehe Seite 242). Auch er erweiterte den ursprünglichen Quader nach oben und außen, um Licht einzulassen und die Grenzen des beschränkten Raumes zu sprengen. Dieses Projekt – sowie weitere in London, wie etwa Boyarsky Murphys ausgedehntes Gartenoberlicht (siehe Seite 248) – veranschaulichen, dass selbst in stark verdichteten Städten, wo der Wunsch nach mehr Raum und Licht vielleicht am größten ist, einfallsreiche Lösungen darauf warten, Teil der Landschaft zu werden.

∧ **Eckhaus, Chicago**
»Die Linearität einer normalen Straße im Stadtbereich zwängt der umliegenden Stadt eine Disziplin auf«, so das Architekturbüro Valerio Dewalt Train. Es realisierte ein außergewöhnliches, 130 Quadratmeter großes Haus (oben abgebildet) und erweiterte dieses zehn Jahre später um weitere 130 Quadratmeter.

> Der Anbau besteht im Wesentlichen aus einem zwölf Meter hohen Aluminiumzylinder, der »Blechdose«. Seine Aluminiumhaut kontrastiert mit dem Mauerstein, greift jedoch mit der rechtwinklig gemusterten Textur den Ziegelstein auf. Insgesamt dominiert die rechtwinklige Form.

v Im ursprünglichen Erdgeschoss verläuft der lineare Wohnraum parallel zu einer Straße. Die Küchen- und Essbereiche sind senkrecht dazu angeordnet, um dem Verlauf der anderen Straße zu entsprechen. Ein aus der Decke ausgestanzter und von Fenstern gesäumter rechtwinkliger Quader sorgt für viel natürliches Licht, schließt aber jede Einsicht von der Straße aus.

v Der mit Aluminium verkleidete Anbau ist über eine zentrale Wendeltreppe zu erreichen und erweitert das Haus um zwei weitere Wohnebenen.

> Die Ostseite des Hauses ist der Innenstadt zugewandt. Daher spalteten die Architekten die zylindrische Form und schufen viele, große Fensteröffnungen, um die Aussicht zu nutzen.

# Green Bay Residence
# Wisconsin, USA
# Douglas Garofalo

Längsschnitt

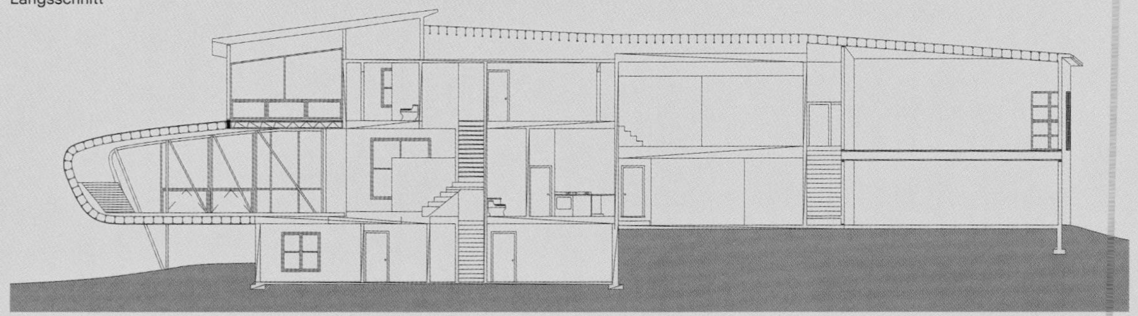

Ein Ehepaar mit Kindern, ein Vater mit einer Sammlung von Modellrennwagen, eine Mutter mit Interesse an Gartenbau und am Beobachten von Vögeln und ein Architekt, der sich unkonventionellen Lösungen für konstruktive und räumliche Probleme verschrieben hat, trafen zusammen, um diese bandförmige Erweiterung eines Hauses in einer abgelegenen Region von Wisconsin zu schaffen. Der Architekt Douglas Garofalo ist für seine bedingungslose Vorliebe für nicht rechtwinklige Formen und seinen wegbereitenden Einsatz von Animationssoftware bekannt, wie sie in der Filmproduktion verwandt wird. Das Ehepaar, das bereits in diesem unauffälligen Haus wohnte, war über einen Bekannten auf Garofalos Arbeit gestoßen. Es entschied sich für einen Sprung vom Alltäglichen zum höchst Fantasievollen, um seine Träume von Räumen für die sehr individuellen Freizeitaktivitäten zu verwirklichen.

Ein Großteil der neuen Konstruktion und des optisch Reizvollen wurden hinter das Haus und an die Seiten verbannt, so dass die nahe zur Straße gesetzte Vorderfront wenig Hinweise auf das Dahinter liefert. Als Inspirationsquelle diente den Architekten das Hobby des Hausherrn – Spielzeugrennwagen, die im neuen Erweiterungsbau gesondert unterzubringen waren. Hierzu generierten sie ein mit den Kurven und Geraden einer Rennbahn spielendes Computermodell. Das führte zu den gewundenen Bändern, die um das Haus eine neue Reihe von Räumen ausbilden. Wo nun einer der Ehepartner seiner Rennleidenschaft frönen kann, erhielt der andere einen recht gefährlich anmutenden abgeschirmten Steg zum Beobachten von Vögeln. Dieser erstreckt sich von einem Mini-Gewächshaus zu einer Baumgruppe, in der sich mehrere Vogelarten in aller Ruhe betrachten lassen. Schwindelfreiheit vorausgesetzt, gewährt dieser Aussichtspunkt außerdem einen ungehinderten Blick auf die unmittelbar hinter dem rückseitigen Garten gelegene Green Bay.

In einem Ort mit extremen klimatischen Verhältnissen und einer besonders problematischen korrodierenden Wirkung durch Eis und Schnee fällt die Wahl gewöhnlich auf eine Außenwandbeplankung aus Vinyl oder Blech. Hier entschieden sich die Architekten jedoch für das interessantere Fiberglas, das sich zu der ungewöhnlichen Gestalt formen ließ und auch die unverwechselbare Farbe ermöglichte. Ansonsten kommt am Haus Wellblech zum Einsatz. Allerdings ist es gestrichen, damit das äußere Erscheinungsbild einheitlich wirkt. Bei diesem Entwurf ist wohl für jeden etwas dabei – außer vielleicht für den unbeugsamen Konformisten.

∧ Die abfallende Rasenfläche hinter dem Haus wird von einer Stützwand aus Holzpfosten gehalten. Diese ahmt den kurvigen Verlauf des Erweiterungsbaus nach und schafft einen seitlichen Weg, damit die Bewohner ihren Traktor zu dem dahinter liegenden Grundstück fahren können. Der abgeschirmte Holzsteg für die Beobachtung von Vögeln kragt aus dem Gewächshaus im ersten Obergeschoss zu einer vogelreichen Baumgruppe hervor.

Querschnitt

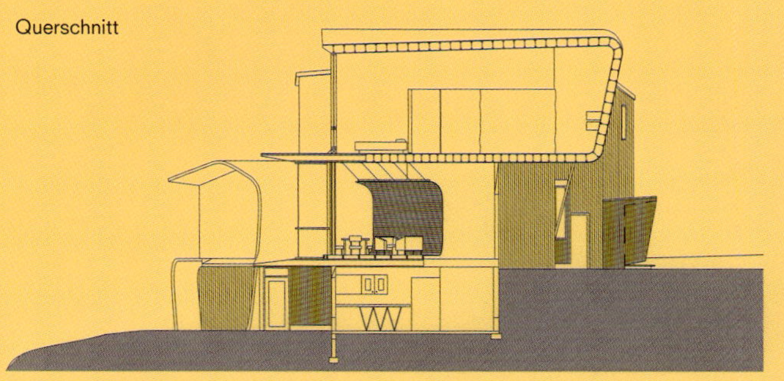

v Der neue Wohnraum ist weitläufig und dynamisch. Sein Dielenfußboden zieht sich an einem Ende etwa einen Meter hoch, während er sich an der Vorderseite des Raumes bis ganz nach oben fortsetzt, um dort in eine abgehängte Decke überzugehen. Die von Douglas Garofalo entworfene Feuerstätte ist inzwischen ein beliebtes Designerprodukt.

> Zwei V-förmige Stahlstützen tragen das vorspringende Wohnzimmer. Entlang der Wandinnenseite sind sie zur weiteren Unterstützung der Konstruktion als Stahlfachwerk ausgebildet. Ein ähnliches V-förmiges Auflager findet sich dort, wo die Räume wie ein Band die Gebäudeseite umschlingen.

< Eine Wellblechverkleidung ist in einer schneereichen Region äußerst praktisch. Gestrichen und in Verbindung mit dem leuchtend bunten Fiberglas wirkt sie sehr modern. Der vorspringende bandartige Anbau schaut an dieser Seite nur ein wenig aus dem Haupthaus hervor.

v **Scheune aus dem 19. Jahrhundert, Maryland**
Durch Verglasungen entstehen in einer alten Scheune Räume, während ein separates System aus Stahlplatten und -stäben die verfallene Konstruktion unterfängt. Die baufällige Außenwandversteifung wurde haltbar gemacht und innen entstanden helle, moderne Zimmer.

v Das Büro W Architecture zeichnet für einen Wohnbereich im Gästehaus und einen Umbau der Kunstgalerie verantwortlich. Ein mit unbehandelten Brettern aus Kiefernholz verkleideter Versorgungskern steigt vom Untergeschoss – früher ein Heuspeicher, jetzt Gästetrakt – zu dem hier gezeigten Wohnbereich empor. Herkömmliche Balkenauflager und eine A-Rahmendecke bewahren etwas von der großartigen Einfachheit der Scheune aus den siebziger Jahren des neunzehnten Jahrhunderts.

v Das moderne Glasgehäuse mit seiner offenen Dachterrasse ragt aus der erhaltenen und so gut wie möglich abgestützten Scheune hervor. Zum Schutz vor weiterem Verfall wurde die Holzschalung nur mit Klarlack behandelt. Weitere Verglasungen sorgen für neue Räume unter und neben der alten Konstruktion.

**< Ländliche Bauten, Spring Prairie, Wisconsin**
Douglas Garofalos Erweiterungen einer Ansammlung ländlicher Bauten verleihen dem Begriff »weitläufiges Bauernhaus« eine neue Dimension. Ihre fließende Form schafft nicht nur intime Innenräume, sondern umhüllt und verbindet auch die ungleichen Elemente. Um ein Maximum an Transparenz zu erzielen, folgen die Fenster sowohl dem geradlinigen Tragwerk als auch dem seltsam geformten Zwischenbau. Dieser Anbau ergänzt Schlaf- und Badezimmer für Familienangehörige, die zu Besuch kommen.

∧ Der Gebäudekomplex auf einem 30 Hektar großen Grundstück war als Rückzugsort für ein Ehepaar mit einer Großfamilie gedacht und sollte sowohl Raum für Familientreffen als auch Inseln der Abgeschiedenheit bieten. »Das Programm entspricht einem kleinen Dorf«, so der Architekt, »wo jeder jeden kennt, aber Privatsphäre möglich ist«. Das Titandach nimmt das traditionell bei Scheunendächern verwendete Wellblech auf.

> Obwohl die glänzende, bogenförmige Gestalt einen deutlichen Bruch mit der regionalen Bauweise darstellt, können sich die ursprünglichen Bauten aufgrund des flachen Profils und der weichen Ränder abheben und ihren eigenen Charakter bewahren.

v Die Innenbereiche folgen der Außengestalt. So entstehen Räume mit sanft geschwungenen Wänden und Decken, die dank großzügiger Fensteröffnungen lichtdurchflutet sind.

>> Der Außenbereich stellte einen bedeutenden Aspekt des Entwurfs dar, zumal der Auftrag lautete, vier unterschiedliche Landschaftstypen zu entwickeln und zu betonen: Wald, Prärie, Rasenfläche und malerischer Garten.

∧ **Vorstadthaus, Südkalifornien**
Der »schwarze Kasten«, wie der Architekt Patrick Tighe diesen Anbau bezeichnet, nutzt kontrastierende Schattierungen und Texturen von Holz und eindringendem Licht.

∧ Bei seinem konstruktiven Ansatz greift der Architekt auf »die skandinavische Tradition einer erdigen Palette natürlicher Materialien« zurück. Das dunkle Volumen soll die blasseren Farben im Innern und in der umliegenden Landschaft unterstreichen.

> Horizontale Streifen aus verschiedenen hellen Holzarten erstrecken sich bis zu den Einbauregalen und -möbeln. Metallgitter am Fenster und an der Tür verteilen das strahlende natürliche Licht. Trotz der sehr zurückhaltenden Gestaltung schaffen Holz und Licht eine prachtvolle Atmosphäre.

Dr. Sax
ASHENDEN
KIPLING'S BEST

**> Schmiede, Oslo, Norwegen**
Die Architekten Jarmund Vigsnæs gestalteten einer Familie ein lichtes, modernes Heim. An der Rückseite des Hauses fügten sie große Glasflächen sowie einen vorspringenden Balkon ein, um Licht einzulassen und die Ästhetik des kastenförmigen Gewerbebaus zu verändern.

>> Drei Ziegelwände blieben erhalten. Die vierte wurde abgerissen und durch eine verglaste Rückfront ersetzt. Die Holzverkleidung ergibt eine makellose, formschöne Fläche, erzeugt aber auch eine warme und heimelige Atmosphäre.

∧ Wie eine Leitlinie durchzieht die Idee des Kastens den Entwurf. Die Architekten schufen »Kästen mit Privaträumen«, die in den zehn Meter hohen Innenräumen »aufgehängt« wurden.

< Kontinuität entsteht durch das im Inneren durchgängig verwendete Holz. Die offenen Treppengeländer und im oberen Bereich verglaste Trennwände verstärken die Transparenz.

∧ Eine durchbrochene Treppe, die sich durch das gesamte Gebäude zieht, wird von einem Oberlicht belichtet. Sie verstärkt das loftähnliche Ambiente des Innenraums und durchschneidet die »Raumkästen«.

Cremorne House
Bei Sydney, Australien
Emili Fox

< Eine Verkleidung aus rotem Zedernholz, die stellenweise mit Holzkohle farbig poliert ist, trägt dazu bei, den zweigeschossigen Neubau stilistisch und farblich mit dem ursprünglichen edwardianischen Ziegelbau in Einklang zu bringen. Die kantige Geometrie, ausgeschnittene Fensterbereiche und Farbkontraste wirken jedoch eindeutig modern.

< Die offene Form von Küche und Essbereich vermittelt einen klaren, modernen Eindruck. Der Boden ist mit wieder verwertetem Eukalyptusholz belegt und geht fließend in die Verandabereiche über.

^^ (vorhergehende Doppelseite)
Der neue Wohnraum dehnt sich über die Kopfwand hinaus bis zur neuen Terrasse aus. Bei vollständig geöffneten Fenster- und Türelementen bietet sich ein nahtloser Übergang zwischen innen und außen. Umschlossene Außenbereiche und eine offene Veranda sind äußerst praktisch für eine Familie mit kleinen Kindern.

Seitenansicht

**Kontrastierende Farben und Holzmaserungen lassen sich sehr wirkungsvoll einsetzen, um historische und moderne Wohnvorstellungen zu vereinen. So auch in diesem Erweiterungsbau von Emili Fox bei Sydney, Australien. Eine fünfköpfige Familie bewohnte die Doppelhaushälfte im edwardianischen Stil aus dem Jahre 1908. Das Gebäude war als Teil einer Anlage von zehn Wohnhäusern errichtet worden, deren Entwurf Ausblicken oder Licht kaum Beachtung schenkte. Das Haus hatte bereits eine Aufteilung in zwei getrennte Wohnungen und anschließend eine Rückumwandlung in ein Einfamilienhaus erfahren. Dabei blieben die kleinen, von einem engen Korridor erschlossenen Zimmer unverändert, der Außenbereich wurde ignoriert und das gesamte Haus verfiel.**

**Mit dem Auftrag, das Platzangebot zu vergrößern und es logisch zu strukturieren – dies jedoch bei strengen Bauauflagen und einem begrenzten Budget –, vergrößerte Fox das bestehende Haus um ein zweigeschossiges Holzrahmenbauwerk, das im Erd- und Obergeschoss in eine Seite des bestehenden Hauses führt. Damit weist das Haus jetzt eine ausgeprägte Nordlage auf. Das keineswegs weitläufige Wohnzimmer dehnt sich zur neuen Terrasse aus. In dem Geschoss darüber öffnen sich die Kinderschlafzimmer ebenfalls zu einer neuen, umschlossenen Terrasse, die den Kindern eine ideale Spielfläche bietet. Die Holzkonstruktion schlängelt sich um die Rückseite des Hauses, um eine weitere Terrassenfläche mit direktem Zugang zu dem ursprünglich ungenutzten Gartenhof und zum privaten Tennisplatz zu schaffen.**

**Wenn auch viele Merkmale der damaligen Zeit beibehalten und instand gesetzt wurden, bietet die neue, in Materialien und Gesamtproportionen abgestimmte Konstruktion sowohl innen als auch außen eine offenere und moderne Atmosphäre. Innen wurden die Räume geöffnet, um die neuen Terrassen und den durch sie ermöglichten Lichteinfall nutzen**

**zu können. Großformatige, bewegliche Elemente mit Lüftungsschlitzen sowie Schiebetüren sorgen entweder für einen nahtlosen Übergang zu den Außenbereichen oder lassen privatere, umschlossene Räume entstehen. Das Haus ist nun geräumiger und flexibler, ohne dass es übermäßig aufwändiger Eingriffe oder großer finanzieller Mittel bedurft hätte.**

< Durch großformatige Schiebefenster in Verbindung mit den Schiebetüren zum Verandabereich lässt sich der Wohnraum fast vollständig öffnen. Wegen der Lüftungsschlitze in den inneren Schiebeelementen ist der Raum nie ohne natürliches Licht. Auf diese Weise wirkt der Innenraum auch ohne Fenstervorhänge elegant.

∧ Der offene Küchen-, Ess- und Wohnbereich entstand durch Zusammenlegen der kleinen, unbehaglichen Räume. Die lineare Gestaltung – unterstützt von eingebauten Sitzgelegenheiten, Fensterrahmen und der Maserung des Fußbodenbelags – lenkt den Blick zum neuen Außenbereich mit der Veranda.

∧ **Viktorianisches Stadthaus, Sydney**
Der Eigentümer dieses Hauses wollte die Immobilie in ein Domizil im Obergeschoss und in eine Mietwohnung im Erd- und Kellergeschoss aufteilen. Das Architekturbüro Engelen Moore ließ den baufälligen Teil auf der Rückseite des Hauses abreißen und mit einem offenen Stahlskelettbau, einem neuen Hof und einer Wendeltreppe wieder aufbauen. Auch eine Dachterrasse kam hinzu.

∧ In dem bestehenden Haus »weisen alle Haupträume zur Straße, während die untergeordneten Bereiche in den rückseitigen Flügel verbannt sind und nur ein einziges kleines Fenster Aussicht gewährt«. So beschreiben die Architekten die Nachteile der viktorianischen Reihenbebauung. Außer einer rückwärtigen Erweiterung entwarfen sie offene Wohnstrukturen, um die Innenräume zusätzlich zu vergrößern. Das offene Dachgeschoss bietet einen Blick ins Wohnzimmer und fungiert als Galerie für die Kunstsammlung des Eigentümers.

< Da das Haus dem Eigentümer als Lager und Galerie für seine Sammlung asiatischer Artefakte und moderner Kunst dient, war ein weitläufiger Innenraum mit freien Flächen erstrebenswert. Details wie der Holzbelag und Farbtupfer verleihen dem ansonsten sehr minimalistischen Umfeld Charakter.

∧ Die Räume wurden zur Hausrückseite und nicht zur Straße hin ausgerichtet. Dadurch profitieren sie von der Aussicht und dem neuen Hofraum. Das erste Obergeschoss erhält über Oberlichter und weite Glastüren Licht und geht in eine Terrasse mit Holzbelag über.

< Vom Dach aus lassen sich über die Wendeltreppe der Gartenhof und die Garage erreichen, ohne die Mieter in der unteren Ebene zu stören. Der eingeebnete Hofraum ist ein nutzbarer Außenbereich auf einem Grundstück, das zwischen Vorder- und Rückseite ein Gefälle von zehn Metern aufweist.

∧ In dem beengten Durchgang vermittelt die geradläufige Treppe den Eindruck von mehr Platz und bringt viel Licht in den Korridor.

∧ **Freistehendes Einfamilienhaus, bei Brisbane, Australien**
Ein »Queenslander« aus den zwanziger Jahren – ein Haus mit Holzschalung und edwardianischen Details – ist typisch für die Häuser in diesem Vorort von Brisbane. Die Bewohner wollten sowohl den Innenraum renovieren als auch die Wohnfläche vergrößern. Sie wandten sich an das Architekturbüro Donovan Hill.

∨∨ (folgende Doppelseite links)
Das hervorstechende Merkmal des erweiterten Hauses ist die große Öffnung. Sie ermöglicht aus allen versetzt liegenden Räumen den Ausblick und unterstreicht den fließenden Übergang zwischen dem Haus und dem neu gewonnenen Außenraum, der in Form und Maßstab mit dem Anbau übereinstimmt. Der Carport links und der Sitzbereich rechts fungieren als Abschirmung privater Bereiche. Mit seinen lichtdurchlässigen Paneelen wirkt der Carport wie eine große Laterne.

∧ Wegen des steilen Gefälles und der sehr kleinen ebenen Fläche war der Gartenhof zuvor ungenutzt. Die Architekten verwendeten die für den Pool ausgehobene Erde, um das weitläufige hintere Garten-»Zimmer« aufzuschütten.

> Geplant war, das bestehende Gebäude – abgesehen von der notwendigen Renovierung – nicht zu verändern. Raumgewinn sollte eine »Miniaturstadt« bringen, zu der eine abgeschlossene Zimmerflucht für die Bewohner und öffentliche Räume wie eine Küche, Terrassen und Gästezimmer gehörten, die auf mehreren versetzten Stockwerken oder geteilten Geschossebenen anzuordnen waren. Das Bild zeigt einen nur teilweise umschlossenen Essbereich bei der Küche, der mit Blick auf den Garten vor der großen Öffnung in der rückwärtigen Hausfront liegt.

∨∨ (folgende Doppelseite rechts)
Als einer von mehreren Übergangsbereichen hat dieser Raum einen offenen Balkon zum Garten. Holz bringt Behaglichkeit in den glatten, kargen Innenraum. Die freitragende Treppe und die Trennwand nehmen den Gedanken der räumlichen Kontinuität auf.

> Ein verstellbares Metallgitter schließt die große Öffnung zur Rückseite ab. Durch separate Glasunterteilungen lassen sich einzelne Bereiche umschließen.

>> Die Architekten schöpften das nach den Bauvorschriften zulässige Volumen vollständig aus. Ebenso nutzten sie alle sich bietenden Ausblicke, die sie nach den von Adolf Loos vertretenen Prinzipien gestalteten.

< Was wie ein Irrgarten mit sich verschiebenden Ebenen aussieht, ist in Wirklichkeit sorgfältig konstruierte Geometrie, die maximale Offenheit, aber auch Privatsphäre und Abgeschiedenheit zulässt.

∧ In einer auskragenden Konstruktion verfügt das Schlafzimmer im zweiten Obergeschoss über eine vollständig verglaste Stirnwand, die einen Ausblick auf die alte Pfarrkirche gewährt.

< Da die Architekten für eine Erweiterung an der Rückseite des Gebäudes keine Baugenehmigung erhalten konnten, dehnten sie den Raum mit einer auskragenden Konstruktion horizontal aus. Hier befindet sich ein Schlafzimmer. Das Dach des vorspringenden Volumens dient als mit Glas umschlossene Terrasse, die von der mit Glaswänden versehenen Dacherweiterung erschlossen wird.

∧ **Fabrikgebäude, London**
Der Architekt David Adjaye setzte eine Konstruktion aus Stahl und Glas in die Gebäudehülle. Der neue Bau ragt über die Dachsilhouette hinaus. Er ermöglicht eine Aussicht auf die Stadt und die Innenräume profitieren durchweg von den zusätzlichen Lichtquellen.

**<< Bungalow, bei Sydney**
1969 schuf der Architekt Glenn Murcutt einen Anbau an das rückwärtige Erdgeschoss dieses Bungalows. Er entfernte Wände und lenkte damit die Aufmerksamkeit auf den Garten. Die neuen Hauseigentümer baten Stephen Varady, das Erdgeschoss zu »revitalisieren«, das Schlafzimmer, das Bad und die Küche neu zu gestalten und für die Eltern einen neuen, privaten »Rückzugsort« anzufügen. Diese neue, eingeschossige Erweiterung enthält ein Arbeits-, Schlaf- und Badezimmer, einen Ankleidebereich sowie einen Hofraum. Zu dem Entwurf gehörte auch ein Carport, der vom »Deutschen Pavillon in Barcelona inspiriert ist« (nicht abgebildet).

< »Die Illusion, unter dem Blätterdach der Bäume zu schlafen«, soll das neue Elternschlafzimmer mit seiner 3 x 3,6 Meter großen Glasschiebetür mit Stahlrahmen und dem rahmenlosen gläsernen Geländer vermitteln.

> Bei dieser Erweiterung ist Glas das Hauptmaterial, das die Architekten wegen seiner Eigenschaften – »lichtdurchlässig, durchsichtig und fest« – wählten. Nahtlose Glasplatten rahmen die Umbauung, die Dusche und das Bad ein. Das Glasdach taucht den ganzen Raum in Licht und lässt seine geringe Breite von nur 1,5 Metern unerheblich erscheinen, da lichtundurchlässige Trennwände fehlen.

v Im Korridor und Ankleidebereich des neuen Obergeschosses reichen die Wandtafeln nicht ganz bis zur Deckenhöhe, damit Licht von dem verglasten Trakt rechts in die anderen Räume dringen kann. Varadys angestrebte Transparenz folgt dem von Glenn Murcutt bei der ersten Umgestaltung aufgestellten Leitgedanken.

v Im Badezimmerspiegel ist der verglaste innere Hofraum zu erkennen, der zum Elternschlafzimmer führt. Durch den gläsernen Fußboden des Hofraumes sickert das Licht in den darunter liegenden Raum. Hier ist die Wirkung der zur Vergrößerung der relativ kleinen Räume eingesetzten »gläsernen Schichten« gut zu erkennen.

∨∨ **Haus aus den fünfziger Jahren, London** (vorhergehende Doppelseite) Über ihren Entwurf für ein Londoner Domizil, das von der besonders nüchternen Art des britischen Wohnungsbaus nach dem Zweiten Weltkrieg geprägt ist, äußern sich die Architekten Boyarsky Murphy so: »Unser Auftrag lautete, ein drittes Geschoss zu ergänzen und das recht düstere Haus durchweg heller zu gestalten sowie die Treppe und den Eingang zu überdenken. Im Verlauf des Projekts sollten zusätzlich die Pläne für einen neuen Anbau im Garten entstehen.«

< Bei den Eingriffen spielt Glas eine Hauptrolle. Während der aufgestockte Ziegelbau sowohl mit dem Stil des bestehenden Gebäudes als auch mit dem der Nachbarbauten korrespondiert, verfügt er auch an drei Seiten über fortlaufende Oberlichtfenster und überdimensionierte Glasschiebetüren an der Rückseite.

∧ In dem neuen Gartenzimmer lenken drei Glaswände und ein riesiges Oberlicht die Aufmerksamkeit auf den Garten und leiten das dringend benötigte Licht in die Innenräume.

# METHODEN UND MATERIALIEN

Nachdem die Entscheidung für einen Anbau gefallen ist – gewöhnlich zusammen mit der Idee, wo er entstehen soll – müssen weitere Festlegungen in puncto Stil, Größe und Wirkung erfolgen. Sind weitläufige offene Räume oder behagliche Rückzugsmöglichkeiten gewünscht? Ist an Außenbereiche gedacht oder eher die Verteilung von Innenräumen angestrebt? Soll etwas wie das bereits Vorhandene, nur größer realisiert werden? Oder möchte der Bauherr seine Abkehr vom Alten zum Neuen deutlich artikulieren?

Auf den folgenden Seiten geht es um bestimmte Aspekte der zuvor vorgestellten Anbauten. Das Augenmerk liegt auf dem Material oder dem spezifischen Charakter einzelner Erweiterungen. Materialien erzeugen gewisse Assoziationen: Glas und Beton gelten als kühl und modern; Holz wird oft als weniger formell und eher gemütlich angesehen. Bei Durchsicht dieser Beispiele stellt man fest, dass solche Vorstellungen nicht immer zutreffen und der Eindruck eines Hauses häufig vom Mix der Materialien, ihrer Gestaltgebung oder der Anordnung (beziehungsweise der bestehenden Konstruktion) abhängt.

Auch verschiedene Baudetails sind zu betrachten – Fenster, Oberlichter, Treppen –, denen Architekten im Rahmen ihrer Entwürfe viel Aufmerksamkeit zukommen lassen und dabei auch zu Lösungen kommen können, die der durchschnittliche Eigenheimbesitzer vielleicht zunächst nicht in Erwägung ziehen würde. Die große Anzahl an Bauelementen mag überwältigend sein, doch einzeln betrachtet können sie hilfreich sein, um darüber zu entscheiden, was am besten zur Vorstellung vom Zuhause passt, oder um etwas gänzlich Neues und Gewagtes auszuwählen.

# Holz

Die meisten Menschen kennen die warmen, angenehmen Eigenschaften von Holz, den Glanz eines polierten Eichenfußbodens oder die beruhigende, verwitterte Patina einer Verkleidung aus Zedernholz. Da viele Holzprodukte aus nachhaltig bewirtschafteten Wäldern stammen, sind sie umweltfreundlich und somit zusätzlich attraktiv. Mit Holz lassen sich elegante, zeitgemäß wirkende Bauten schaffen. Verglichen mit fein bearbeiteten Bohlen ist etwa Sperrholz preiswert einsetzbar und durchaus geeignet, einer modernen Klarheit Ausdruck zu verleihen. Durchgehend mit Holz verkleidete Flächen ohne aufwändige Details sind von einer gewissen Glätte und haben ein Mindestmaß an Qualität, dennoch bewahrt das Material die ihm eigene Behaglichkeit. Gleichgültig wie Holz zum Einsatz kommt, immer geht von ihm ein Reiz aus – und diesen kann man sich auf vielerlei Art zunutze machen.

v Im Uhrzeigersinn von oben rechts: Neugebauer + Rösch, S. 142; Patrick Tighe, S. 230; Atelier Bow-Wow, S. 198; Archifactory, S. 147; and8, S. 162.

# Glas

v Im Uhrzeigersinn von links:
Stephen Varady, S. 246; Wilkinson King, S. 91; Deborah Saunt David Hills, S. 166; Paul Archer, S. 156; Paul Archer, S. 56.

Wie der australische Architekt Stephen Varady betont, »wird die Wahrnehmung aller Räume durch den Gebrauch von Glas verstärkt«. Lautet ein Ziel der Erweiterung, mehr Licht in das Innere zu bringen, sind die Bewohner wie ihre Architekten stets mit den Kosten, aber auch den glänzenden Möglichkeiten von Glas konfrontiert. Ausgedehnte Verglasungen werden mit Großzügigkeit und Luxus assoziiert. Kreativ und an Schlüsselstellen eingesetzt, kann Glas jedoch durchaus erschwinglich sein. Ist aber die Anziehungskraft von Transparenz und Licht größer als die Beschränkungen, dann steht Glas zur Verfügung, das allen Bau- und Wärmestandards entspricht und nahezu jede Konstruktion ermöglicht. Wie gezeigt passt Glas auch zu Natur- oder Ziegelstein, im städtischen oder ländlichen Umfeld, wo der Kontrast zwischen den Materialien seine Wirkung noch verstärkt.

# Beton

Beton, das beliebte Baumaterial des späten zwanzigsten Jahrhunderts, ist bekannt für seine Härte, Stärke und Formbarkeit. Allerdings hat seine Vielseitigkeit als Baustoff die Architekten von ihm abhängig gemacht. Zu unterschiedlichen Gestalten geformt und mit verlässlichen Trageigenschaften kann er unbearbeitet und in seiner natürlichen grauen Farbe belassen, mit Pigmenten gefärbt oder hochglanzpoliert werden. Die von nahtlosen Glaswänden gesäumte Betonkonstruktion hat sich zu einem Symbol für moderne Gestaltung entwickelt. Sie steht für ein verlockendes Bild vom Wohnen mit klaren Linien, für eine aufregende Spannung zwischen der undurchlässigen Stabilität von Beton und der zerbrechlichen Transparenz von Glas. Scheinbar Fundamenten und Stützmauern vorbehalten, hat sich Beton als wichtiger Baustoff behauptet.

v Im Uhrzeigersinn von oben rechts: Rudy Ricciotti, S. 107; Drewes + Strenge, S. 155, Daly Genik, S. 185; Studio For Architecture, S. 98.

# Außenhaut

Gleichgültig wie ein Gebäude innen aufgebaut ist, den ersten Eindruck von Stil, Alter und Intention vermittelt seine Außenhaut. Am weitesten verbreitet sind natürlich Verkleidungen aus Holz, Ziegel- beziehungsweise Naturstein oder eine Art Außenputz auf diesen Bauteilen. Heute experimentieren Bauherren und Architekten mit einem immer breiter gefächerten Sortiment an Gebäudeverkleidungen – angefangen von Metallen wie Aluminium und dem bekanntlich widerstandsfähigen Wellblech bis zu strahlenden Titantafeln wie denen, die das berühmte Guggenheim-Museum in Bilbao umhüllen. Auch Kunststoffe, etwa Polycarbonatverkleidungen und geformtes Polyurethan, werden heutzutage so hergestellt, dass sie Wärmewerte einhalten und als zulässige Außenabdeckungen eingesetzt werden können.

v Im Uhrzeigersinn von oben rechts: Douglas Garofalo, S. 217; Jakob + MacFarlane, S. 32; Marmol Radziner, S. 92; Lorcan O'Herlihy, S. 25; One Architecture, S. 82; Valerio Dewalt Train, S. 209; Simon Conder, S. 43; Manuel Herz, S. 31.

# Oberlichter und Glasdeckenöffnungen

Oberlichter im häuslichen Umfeld haben sich seit ihren Anfängen als undichte, Schmutz anziehende Gebilde erheblich weiterentwickelt. In dicht besiedelten Stadträumen bieten sie eine außerordentlich praktische Lösung für das Öffnen kleiner, dunkler Räume. Der eigentliche Reiz von Oberlichtern (und den jeweiligen Glasdeckenöffnungen) liegt jedoch in ihrem innovativen Einsatz. Ob es um das Einpassen eines kleinen Glaselements – damit natürliches Licht mehr als ein Geschoss eines Hauses durchdringt –, um das Durchbohren eines zuvor geschlossenen Daches oder lediglich um das Einfügen außergewöhnlich geformter Fenster geht, die Möglichkeiten zur Schaffung überraschender Lichtquellen können unser Denken über Innenräume und das Leben in ihnen verändern.

v Im Uhrzeigersinn von rechts: David Adjaye Associates, S. 190; Springett Mackay, S. 174; GAD Architecture, S. 192; Engelen Moore, S. 235; Jakob + MacFarlane; S. 33; Manuel Herz, S. 31; M3 Architects, S. 101; Boyarsky Murphy, S. 251.

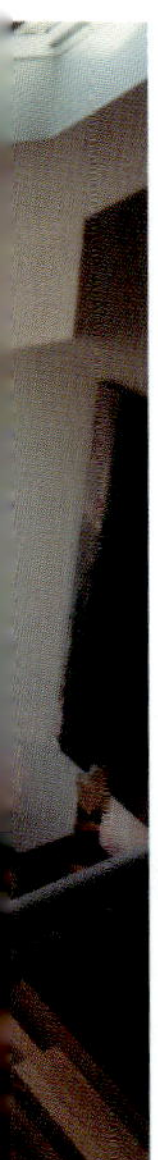

# Fenster

Obwohl die praktische Funktion eines Fensters darin besteht, Licht einzulassen und Ausblicke zu gewähren, können der Stil und die Lage von Fenstern viel über ein Haus und seine Bewohner aussagen. Wir wohnen überwiegend in Gebäuden mit regelmäßig angeordneten Öffnungen, die vom Stil des Hauses vorgegeben sind. Eine Erweiterung bietet Gelegenheit, diese ebenso zu überdenken wie so viele andere Zusammenhänge. Vielleicht steht der Wunsch nach Abgeschiedenheit im Vordergrund, so dass Fensteröffnungen möglichst wenig Einsicht gestatten sollen, oder das Entfernen von Sichtbehinderungen wird im Haus als befreiend empfunden. Eine Herausforderung besteht auch im Einbau von ausgedehnten Glasflächen, die unauffällig oder so positioniert sind, dass Einblicke verwehrt werden, aber trotzdem eine maximale Lichtmenge eintreten kann. Wenn die Kosten für große, wärmeeffiziente Glasflächen ein Problem

darstellen und nur standardisierte Fenster in Frage kommen, lässt sich ihre Anzahl und Lage variieren und auf diese Weise eine ganz besondere Identität des Gebäudes erzeugen.

v Im Uhrzeigersinn von rechts: Valerio Dewalt Train, S. 207; Kennedy & Violich, S. 67; One Architecture, S. 84; Sam Marshall, S. 28; Architecture-Studio, S. 27; Manuel Herz, S. 30; Sanya Polescuk Architects, S. 77; Stephen Varady, S. 149.

# Innen / Außen

Nicht nur den Raum innen, sondern auch den draußen zu bewohnen ist mehr als eine Frage des Klimas, es ist eine Philosophie. Manche Menschen fühlen sich in den Grenzen eines behaglichen, gut geheizten Hauses wunderbar abgeschieden. Andere dagegen genießen das Gefühl von Weite, das bei einem unmittelbaren Zugang nach draußen oder auch nur einer kaum merklichen Barriere zwischen beiden Bereichen aufkommt. Am häufigsten schaffen Glaswände und -türen einen solchen nahtlosen Übergang. Doch auch überdurchschnittlich dimensionierte Türen und Fenster, Räume auf einer Ebene, von den Innen- zu den Außenflächen durchgängig verwendete Materialien auf dem Boden oder an den Wänden und möglichst wenig Sichtbehinderungen zwischen dem Innenraum und der natürlichen Umgebung ermöglichen ihn.

v Im Uhrzeigersinn von rechts: m3architecture, S. 176; Vincent van Duysen, S. 118; Simon Conder, S. 52; Marmol Radziner, S. 116; David Adjaye Associates, S. 59; Lorcan O'Herlihy, S. 21; Jarmund Vigsnæs, S. 134.

# Landschafts-gestaltung

Unabhängig davon, ob sich ein Erweiterungsbau in den Garten erstreckt oder nicht, erfordert die Konstruktion oft einen Aushub rings um das Haus. So besteht die Möglichkeit, alles Vorhandene rückgängig zu machen und vielleicht auch reizvoller und zugänglicher zu gestalten. Offensichtlich profitieren Gebäudeerweiterungen oder rückseitige Anbauten von einer auf sie abgestimmten Landschaftsgestaltung, welche die Aussicht und die Verschmelzung zwischen innen und außen fördert. Bepflanzungen und Pflasterungen, die wie selbstverständlich zu einem Haus führen oder von ihm fort, lenken den Blick auf den Außenbereich und tragen zu einem Gefühl des Eingebundenseins bei. Manchmal können ausgewachsene Bäume sogar Teil des gestalterischen Gesamtkonzepts werden, falls sie auf dem Grundstück erhalten werden sollen. Vor allem bei Erweiterungen im Erdgeschoss ist die Berücksichtigung der umliegenden

Vegetation von zentraler Bedeutung. Dabei spielt es keine Rolle, ob es sich um halbwild wachsende einheimische Pflanzen handelt oder um moderne, mit künstlichen Materialien gestaltete Landschaften samt Gartenmöbeln und Designerblumentöpfen für ein eher geordnetes Naturerlebnis mit einer größeren Fokussierung auf Orte zum Sitzen, zum Entspannen und für geselliges Beisammensein.

v Im Uhrzeigersinn von oben rechts: Marmol Radziner, S. 95; Douglas Garofalo, S. 211; Douglas Garofalo, S. 219; Daly Genik, S. 180; Marmol Radziner, S. 114; Rudy Ricciotti, S. 108; Simon Conder, S. 55.

# Treppen

Sie sind ein wichtiges Bauteil, mit dem sich Architekten häufig abmühen, die viel kostbaren Raum einnehmen, aber ein eigenständiges Gestaltungsmerkmal werden können. Obwohl Treppen sozusagen von der Stange zu erwerben sind, wäre es eine Schande, nicht über die vielen Alternativen nachzudenken, die aus einer Treppe mehr machen als ein Erschließungselement.

Beispielsweise ist Licht ein wichtiger Faktor beim Einbau einer Treppe. Dabei kommt es nicht darauf an, ob die Konstruktion eine eigene, umschlossene Passage erhält, ob die Seiten und Trittstufen für eine ungehinderte Verteilung des Lichts offen bleiben oder ob ein krönendes Oberlicht die Belichtung des vertikalen Korridors übernimmt. Manche Architekten nehmen die Herausforderung von Treppen gerne an, um etwas schön Geformtes zu gestalten. Andere Planer dagegen nutzen die konstruktiven

Möglichkeiten, um verschiedene Versorgungseinrichtungen in Treppenschächten und in Abtrennungen unterzubringen oder um Ausstellungsregale, Beleuchtungselemente oder nützliche Zwischengeschosse zu bauen.

v Im Uhrzeigersinn von rechts: Engelen Moore, S. 232; Patrick Tighe, S. 188; Jarmund Vigsnæs, S. 225; Neugebauer + Rösch, S. 145; Drewes + Strenge, S. 150; Donovan Hill, S. 239.

# ARCHITEKTEN – KONTAKTDATEN

**Adjaye/Associates**
David Adjaye
23–28 Penn Street
London N1 5DL
Großbritannien

Tel: +44 (0)20 7739 4969
Fax: +44 (0)20 7739 3484
E-mail: info@adjaye.com
www.adjaye.com

**and8 ARCHITEKTEN**
Achim Aisslinger,
Andreas Bracht
Margaretenstraße 15
20357 Hamburg
Deutschland

Tel: +49 (0)40 4 30 88 11
Fax: +49 (0)40 4 30 88 87
E-mail: office@and8.de
www.and8.de

**Paul Archer Design**
Paul Archer
3D2 Zetland House
5–25 Scrutton Street
London EC2A 4HJ
Großbritannien

Tel: +44 (0)20 7729 2729
Fax: +44 (0)20 7739 8476
E-mail: lisaharrison@paularcherdesign.co.uk
www.paularcherdesign.co.uk

**ARCHIFACTORY.DE**
Matthias Herrmann und Matthias Koch
Am Hunnepoth 6
44869 Bochum
Deutschland

Tel: +49 (0)2327 99 4762
Fax: +49 (0)2327 99 4764
E-mail: office@archifactory.de
www.archifactory.de

**Architect Marshall**
Sam Marshall
PO Box 780
Darlinghurst NSW 1300
Australien

Tel: +61 (0)2 9310 7555
Fax: +61 (0)2 9310 4144
E-mail: sammarshall@ozemail.com.au

**Architecture-Studio**
10, rue Lacuée
75012 Paris
Frankreich

Tel: +33 (0)1 43 45 18 00
Fax: +33 (0)1 43 43 81 43
E-mail: as@architecture-studio.fr
www.architecture-studio.fr

**Artifact Design + Construction**
Christopher Kilbridge,
Salvatore Tranchina
121 West 27th Street, Suite 705
New York, NY 10001
USA

Tel: +1 212 206 7945
E-mail: mail@artifactonline.com
www.artifactonline.com

**Atelier Bow-Wow**
Yoshiharu Tsukamoto,
Momoyo Kaijima
1-24-3 Higashi Shibuya
Tokyo 150-0011
Japan

Tel: +81 (0)3 5774 6508
Fax: +81 (0)3 5468 6028
E-mail: info@bow-wow.jp
www.bow-wow.jp

**bayer uhrig Architekten**
Beethovenstraße 54–56
67655 Kaiserslautern
Deutschland

Tel: +49 (0)631 212 25
Fax: +49 (0)631 310 5883
E-mail: architekten@bayer-uhrig.de
www.bayer-uhrig.com

**Boyarsky Murphy Architects**
Nicholas Boyarsky,
Nicola Murphy
64 Oakley Square
London NW1 1NJ
Großbritannien

Tel: +44 (0)20 7388 3572
Fax: +44 (0)20 7691 0847
E-mail: n2@boyarskymurphy.com
www.boyarskymurphy.com

**Jim Burton, BLIP Design**
3235 42nd Avenue West
Seattle, WA 98199
USA

Tel: +1 206 501 8746
Fax: +1 206 284 6479
E-mail: burtonj530@aol.com
www.blipdesign.com

**Simon Conder Associates**
Simon Conder
Nile Street Studios
8 Nile Street
London N1 7RF
Großbritannien

Tel: +44 (0)20 7251 2144
Fax: +44 (0)20 7251 2145
E-mail: sca@simonconder.co.uk
www.simonconder.co.uk

**Daly Genik**
Kevin Daly, Chris Genik
1558 Tenth Street-C
Santa Monica, CA 90401
USA

Tel: +1 310 656 3180
Fax: +1 310 656 3183
E-mail: info@dalygenik.com
www.dalygenik.com

**Deborah Saunt David Hills Architects**
Deborah Saunt, David Hills
8 Iliffe Yard
London SE17 3QA
Großbritannien

Tel: +44 (0)20 7703 3555
Fax: +44 (0)20 7703 3890
E-mail: info@dsdha.co.uk
www.dsdha.co.uk

**Donovan Hill**
112 Bowen Street
Spring Hill QLD 4000
Brisbane
Australien

Tel: +61 (0)7 3831 3255
Fax: +61 (0)7 3831 3266
E-mail: mail@donovanhill.com.au
www.donovanhill.com.au

**Drewes + Strenge Architekten**
Bahnhofstraße 10a
33442 Herzebrock-Clarholz
Deutschland

Tel: +49 (0)5245 3208
Fax: +49 (0)5245 1 8710
E-mail: info@drewesstrenge.com
www.drewesstrenge.com

**ENGELEN MOORE**
Tina Engelen, Ian Moore
44 McLachlan Avenue
Rushcutters Bay NSW 2011
Sydney
Australien

Tel: +61 (0)2 9380 4099
Fax: +61 (0)2 9380 4302
E-mail: architects@engelenmoore.com.au
www.engelenmoore.com.au

**Fox Johnston**
Emili Fox
105 Reservoir Street
Surry Hills NSW 2010
Sydney
Australien

Tel +61 (0)2 9211 2700
Fax: +61 (0)2 9211 2785
E-mail: emili@foxjohnston.com.au
www.foxjohnston.com.au

**GAD Architecture and Design**
Gokhan Avcioglu, Ozlem Ercil
9 Desbrosses Street 515
New York NY 10013
USA

Tel: +1 917 679 4971
Tel: +1 646 258 1777
Fax +1 212 941 6496
E-mail: gadny@gadarchitecture.com
www.gadarchitecture.com

**HANS GANGOLY**
Volksgartenstraße 18
8020 Graz
Österreich

Tel: +43 (0)316 717 550
Fax: +43 (0)316 717 5506
E-mail: office@gangoly.at
www.gangoly.at

**Garofalo Architects**
Douglas Garofalo
3752 North Ashland Avenue
Chicago, IL 60613
USA

Tel: +1 773 975 2069
Fax: +1 773 975 3005
E-mail: doug@garofaloarchitects.com
www.garofaloarchitects.com

**Manuel Herz**
Zugweg 16
50677 Köln
Deutschland

Tel: +49 (0)221 932 9293
Fax: +49 (0)221 932 9295
E-mail: office@manuelherz.com
www.manuelherz.com

**Jakob + MacFarlane**
13, rue des petites écuries
75010 Paris
Frankreich

Tel: +33 (0)1 44 79 05 72
Fax: +33 (0)1 48 00 97 93
E-mail: jakmak@club-internet.fr
www.jakobmacfarlane.com

**Jarmund Vigsnæs (JVA)**
Einar Jarmund, Håkon Vigsnæs,
Alessandra Kosberg
Arkitekter MNAL
Hausmannsgate 6
0186 Oslo
Norwegen

Tel: +47 22 99 43 43
Fax: +47 22 99 43 53
E-mail: jva@jva.no
www.jva.no

**KENNEDY & VIOLICH ARCHITECTURE, LTD.**
160 North Washington Street, 8th Floor
Boston, MA 02114
USA

Tel: +1 617 367 3784
Fax: +1 617 367 3727
E-mail: info@kvarch.net
www.kvarch.net

**Korteknie Stuhlmacher Architecten**
Rien Korteknie, Mechthild Stuhlmacher
Postbus 25012
3001 HA Rotterdam
Niederlande

Tel: +31 (0) 10 425 94 41
Fax: +31 (0) 10 466 51 55
E-mail: mail@kortekniestuhlmacher.nl
www.kortekniestuhlmacher.nl

**LABICS**
via dei Magazzini Generali 16
00154 Rom
Italien

Tel: +39 06 57 28 80 49
Fax: +39 06 57 13 78 08
E-mail: info@labics.it
www.labics.it

**M3 Architects**
Ken Hutt, Nadi Jahangiri
49 Kingsway Place
Sans Walk
London EC1R 0LU
Großbritannien

Tel: +44 (0)20 7253 7255
Fax: +44 (0)20 7253 7266
E-mail: post@m3architects.com
www.m3architects.com

**m3architecture**
24 Gore Street
Albion Q 4010
Australien

Tel: +61 (0)7 3262 5711
Fax: +61 (0)7 3262 5722
E-mail: info@m3architecture.com
www.m3architecture.com

**Marmol Radziner + Associates**
12210 Nebraska Avenue
Los Angeles, CA 90025
USA

Tel: +1 310 826 6222
Fax: +1 310 826 6226
E-mail: info@marmol-radziner.com
www.marmol-radziner.com

**Neugebauer + Rösch**
Sonja Neugebauer, Robert Rösch
Eberhardstraße 61
70173 Stuttgart
Deutschland

Tel: +49 (0)711 2484 7780
Fax: +49 (0)711 2484 77822
E-mail: info@neugebauer-roesch.de
www.neugebauer-roesch.de

**Lorcan O'Herlihy Architects**
5709 Mesmer Avenue
Culver City, CA 90230
USA

Tel: +1 310 398 0394
Fax: +1 310 398 2675
E-mail: loh@loharchitects.com
www.loharchitects.com

**oceanD | Boston | New York | London**
Panther House
East Block, Second Floor, Unit 1
38 Mount Pleasant
London WC1 X0AP
Großbritannien

Tel: +44 (0)20 7833 0744
E-mail: tverebes@oceanD.com
www.oceanD.com

**office of richard davignon Architecture, ordA**
Richard Davignon
136, b1 2451 Dieppe Avenue SW
Calgary
Alberta T3E 7K1
Kanada

Tel: +1 403 282 6082
Fax: +1 403 282 7941
E-mail: richard@orda.ca
www.orda.ca

**One Architecture**
Matthijs Bouw
Vliegtuigstraat 26
1059 CL Amsterdam
Niederlande

Tel: +31 (0)20 470 00 40
Fax: +31 (0)20 676 40 19
E-mail: office@onearchitecture.nl
www.onearchitecture.nl

**Sanya Polescuk Architects**
Sanya Polescuk
8a Baynes Mews
London NW3 5BH
Großbritannien

Tel: +44 (0)20 7431 8580
Fax: +44 (0)20 7435 8341
E-mail: enquiries@polescukarchitects.com
www.polescukarchitects.com

**Rudy Ricciotti Architecte**
17 boulevard Victor Hugo
83150 Bandol
Frankreich

Tel: +33 (0)4 94 29 52 61
Fax: +33 (0)4 94 32 45 25
E-mail: rudy.ricciotti@wanadoo.fr

**Springett Mackay Architecture**
70 Hatton Garden, First Floor
London EC1N 8JT
Großbritannien

Tel: +44 (0)20 7692 5950
Fax: +44 (0)20 7692 5951
E-mail: mail@sm-arch.com
www.sm-arch.com

**Studio For Architecture**
Mehrdad Hadighi
312 Bryant Street
Buffalo, NY 14222
USA

Tel/Fax: +1 716 886 7218
E-mail: studioforarchitecture@yahoo.com

**Henning Stummel Architects Ltd**
Henning Stummel
6 Shouldham Street
London W1H 5FG
Großbritannien

Tel: +44 (0)20 7724 2639
Fax: +44 (0)20 7724 3931
E-mail: mail@henningstummelarchitects.co.uk
henningstummelarchitects.co.uk

**Tighe Architecture**
Patrick J Tighe
1632 Ocean Park Boulevard
Santa Monica, CA 90405
USA

Tel: +1 310 450 8823
Fax: +1 310 450 8273
E-mail: info@tighearchitecture.com
www.tighearchitecture.com

**Valerio Dewalt Train Associates**
500 North Dearborn, Suite 900
Chicago, IL 60610
USA

Tel: +1 312 332 0363
Fax: +1 312 332 4727
E-mail: info@buildordie.com
www.buildordie.com

**Vincent Van Duysen Architects**
Vincent Van Duysen
Lombardenvest 34
2000 Antwerpen
Belgien

Tel: +32 (0)3 205 91 90
Fax: +32 (0)3 204 01 38
E-mail: vincent@vincentvanduysen.com
www.vincentvanduysen.com

**Stephen Varady Architecture**
PO Box 105
St. Peters NSW 2044
Sydney
Australien

Tel: +61 (0)2 9516 4044
Fax: +61 (0)2 9516 4541
E-mail: svarady@bigpond.com
www.stephenvarady.com

**W Architecture**
Barbara Wilks, Alexandros E Washburn
127 West 25th Street, 12th Floor
New York, NY 10001
USA

Tel: +1 212 981 3933
Fax: +1 212 981 3979
www.w-architecture.com

**Wilkinson King Architects**
Julian King, Chantal Wilkinson
Unit 6 Burghley Yard
106 Burghley Road
London NW5 1AL
Großbritannien

Tel: +44 (0)20 7284 1975
Fax: +44 (0)20 7284 1984
E-mail: architects@wilkinsonking.com
www.wilkinsonking.com

# BILDNACHWEIS

**Architecture-Studio** 26–27, 260 (oben Mitte)
**Sue Barr/VIEW** 248–251, 259 (oben links)
**Boris Becker** 30–31, 257 (oben links), 258 (oben links)
**Brett Boardman** 28–29, 226–231, 260 (oben links)
**Nicolas Borel** mit freundlicher Genehmigung von **Jakob+MacFarlane** 32–33, 257 (unten rechts), 258 (unten links)
**Anne Bousema** 34, 38
**Bruce T. Martin Photography** 66–69, 261 (unten links)
**Ana Carvalho** 118–119, 263 (unten links)
mit freundlicher Genehmigung von **Archifactory** 146–147, 253 (oben links)
mit freundlicher Genehmigung von **Atelier Bow-Wow** 124–125, 198–201, 253 (unten links)
mit freundlicher Genehmigung von **Springett Mackay Architecture** 110–111, 174–175, 259 (unten Mitte)
mit freundlicher Genehmigung von **Studio For Architecture** 96–99, 255 (oben links)
**Nils Petter Dale** 130–135, 263, (oben links)
**Nils Petter Dale** mit freundlicher Genehmigung von **JVA** 222–225, 267 (links)
**Daly Genik Architects** 48–51, 180–185, 255 (unten links), 264 (links), 264 (unten Mitte)
**Lyndon Douglas** 58–61, 190–191, 242–243, 259 (rechts), 262 (oben links)
**Luigi Filetici** mit freundlicher Genehmigung von **Labics** 136–141
**GAD** Architecture 192–197, 259 (unten links)
**Garofalo Architects** 210–213, 216–219, 257 (oben rechts), 265 (unten rechts und unten links)
**Chris Gascoigne/VIEW** 52–55, 262 (unten Mitte), 265 (oben Mitte)
**David Glomb** 112–117, 262 (unten links), 264 (oben Mitte)
**Michael Heinrich** 62–63
**Ross Honeysett** 232–235, 258 (unten rechts), 267 (rechts)
**David Joseph** 72–73
**Barbara Karant** 206–209, 256 (unten links), 261 (rechts)
**Aloys Kiefer** mit freundlicher Genehmigung von **and8 Architekten** 160–163, 253 (oben Mitte)
**Marline Hamilton Knight** 164–167, 254 (oben rechts)
**Rien Korteknie** 1, 36, 39
**Robert Lemermeyer** 86–87
**Jon Linkins** 176–179, 236–241, 263 (rechts), 266 (oben links)
**Ioana Marinescu** 70–71
**Johnathan Moore** 156–159, 254 (unten rechts)
**Philip Newton** 40–41
**Ocean_UK** 74–75
**Zander Olsen** mit freundlicher Genehmigung von **M3 Architects** 100–105, 258 (oben rechts)
**Paul Ott** 126–29
**Paul Archer Design** 172–173
**Bas Princen** mit freundlicher Genehmigung von **One Architecture** 80–85, 256 (Mitte), 260 (unten)
**Christian Richters** 150–155, 255 (unten rechts), 266 (unten links)
**Nigel Rigden** 64–65
**Philippe Ruault** mit freundlicher Genehmigung von **Rudy Ricciotti** 106–109, 255 (oben rechts), 265 (oben links)
**Errol Sawyer** 35, 37
**Frederic Schwarz** 76–77, 260 (oben rechts), 261 (oben links)
**Simon Conder Associates** 42–43, 256 (oben links)

# REGISTER